LAS NUEVAS SOLEDADES

PAIDÓS CONTEXTOS

Últimos títulos publicados:

J. Baggini, *¿Se creen que somos tontos? 100 formas de detectar las falacias de los políticos, los tertulianos y los medios de comunicación*
M. Motterlini, *Trampas mentales. Cómo defenderse de los engaños propios y ajenos*
G. Anders, *Nosotros, los hijos de Eichmann. Carta abierta a Klaus Eichmann*
R.-P. Droit, *La ética explicada a todo el mundo*
R. Muchembled, *Una historia de la violencia. Del final de la Edad Media a la actualidad*
N. Harnoncourt, *La música es más que las palabras. La música romántica: entrevistas y comentarios*
A. Massarenti, *Instrucciones de cómo tomarse las cosas. Píldoras de filosofía mínima*
S. Cardús, *Bien educados. Una defensa útil de las convenciones, el civismo y la autoridad*
L. Ferry y L. Jerphagnon, *La tentación del cristianismo. De secta a religión*
R. Girard y G. Vattimo, *¿Verdad o fe débil? Diálogo sobre cristianismo y relativismo*
R.-P. Droit, *Una breve historia de la filosofía*
P. Picq, *Darwin y la evolución explicados a nuestros nietos*
J. McConnachie, *En busca del Kamasutra*
B. Goldacre, *Mala ciencia. No te dejes engañar por curanderos, charlatanes y otros farsantes*
A. Comte-Sponville, *El placer de vivir*
S. Lukes, *Relativismo moral*
G. Nardone, *Los errores de las mujeres (en el amor)*
P. Gay, *La cultura de Weimar. Una de las épocas más espléndidas de la cultura europea del siglo* XX
P. Schmitt Pantel, *Dioses y diosas de la Grecia antigua explicados a todo el mundo*
M. Chebel, *El islam. Historia y modernidad*
J. Mª Martínez-Selva, *Tecnoestrés. Ansiedad y adaptación a las nuevas tecnologías en la era digital*
K. Armstrong, *Doce pasos hacia una vida compasiva*
P. Vernus, *Los dioses egipcios explicados a mi hijo*
L. Jerphagnon, *¿La estupidez? Veintiocho siglos hablando de ella*
C. R. Rogers, *El proceso de convertirse en persona. Mi técnica terapéutica*
J. Baggini, *La trampa del ego. Qué significa ser tú.*
V. E. Frankl, *El hombre en busca del sentido último. El análisis existencial y la conciencia espiritual del ser humano*
A. Demurger, *Caballeros y caballería explicados a mis nietos*
T. Eagleton, *Razón, fe y revolución*
S. Blackmore, *El zen y el arte de la conciencia*
P. Zimbardo, *El efecto Lucifer. El porqué de la maldad*
J. Muñoz Redon, *El libro de las preguntas desconcertantes. Ser y no ser*
S. Serrano, *Comprender la comunicación. El libro del sexo, la poesía y la empresa*
E. Fromm, *El miedo a la libertad*
R.-P. Droit, *Vivir hoy. Con Sócrates, Epicuro, Séneca y todos los demás*
A. Zuazua, *Felicidad sostenible. Claves para un nuevo proyecto de vida en el siglo* XXI
M. Caralt y F. Casal, *La historia del arte explicada a los jóvenes*
G. Nardone y G. De Santis, *Pienso, luego sufro. Cuando pensar demasiado nos hace daño*
N. Rodríguez, *Educar niños y adolescentes en la era digital. El reto de la educación en el siglo* XXI
J. Lloyd y J. Mitchinson, *El nuevo pequeño gran libro de la ignorancia*
J. Muñoz Redon, *El arte de la existencia*
Z. Bauman, *Esto no es un diario*
U. Beck y E. Beck-Gernsheim, *Amor a distancia. Nuevas formas de vida en la era global*
J. Baggini, *La queja. De los pequeños lamentos a las respuestas reivindicativas*
M.-F. Hirigoyen, *El abuso de debilidad. Y otras manipulaciones*
A. Comte-Sponville, *Ni el sexo ni la muerte. Tres ensayos sobre el amor y la sexualidad*
I. García Ureta, *Lo que la universidad no enseña*
L. Ferry, *Sobre el amor. Una filosofía para el siglo* XXI
M.-F. Hirigoyen, *Las nuevas soledades*

MARIE-FRANCE HIRIGOYEN

LAS NUEVAS SOLEDADES

El reto de las relaciones personales en el mundo de hoy

Título original: *Les nouvelles solitudes,* de Marie-France Hirigoyen
Publicado en francés por La Découverte, París

Traducción de Jordi Terré

Cubierta de Judit G. Barcina

1ª edición, 2008
1ª edición en esta presentación, febrero 2013

Espasa Libros, S. L. U.,
Avda. Diagonal, 662-664. 08034 Barcelona, España
Paidós es un sello editorial de Espasa Libros, S. L. U.
www.paidos.com
www.espacioculturalyacademico.com
www.planetadelibros.com

ISBN: 978-84-493-2839-8
Depósito legal: B-677-2013

Impreso en Book Print
Botànica, 176-178 – 08908 L'Hospitalet de Llobregat (Barcelona)

El papel utilizado para la impresión de este libro es cien por cien libre de cloro y está calificado como papel ecológico

Impreso en España – *Printed in Spain*

Sumario

Segunda parte
SOLO EN UN MUNDO COMPETITIVO

Tercera parte
LAS NUEVAS SOLEDADES

Introducción

Me gusta perderme en las luces de la noche.
Allí me invento nuevas soledades.
Nuevas vidas.
Cuando ya no me interesa nuestro mundo.
Cuando los hombres me resultan definitivamente previsibles.
Cuando ya no tengo ganas.
De luchar.
Y de soportar la indiferencia.
Los tiempos cambian.
Pero el presente se parece extrañamente al pasado.
Ven a esconderte en las luces conmigo.
Ángel mío...
Te amo.
Y te dejo.
Aquí.

GAËTAN HOCHEDEZ,
http://flash.zeblog.com/

No cabe duda de que el incremento de la soledad constituye un fenómeno social que se desarrolla en todos los países ricos del planeta, especialmente en las grandes ciudades. Pero si la soledad forma parte de la historia de la humanidad, con el paso del tiempo ha experimentado una profunda transformación. Por exceso o por defecto, la relación con el otro se ha convertido en el tema de preocupación fundamental de nuestra época. A la vez que vivimos en una era de comunicación y las relaciones entre los individuos son permanentes, e incluso invasivas, numerosas personas tienen un sentimiento doloroso de soledad. Y simultáneamente otras, cada vez más numerosas, optan por vivir solas.

Nos encontramos ante una paradoja: un mismo término remite al mismo tiempo al sufrimiento y a una aspiración de paz y libertad. Por un lado, se nos dice que la soledad es uno de los males de nuestro siglo y que hay que crear a cualquier precio vínculos y comunicación; y por otro, se nos predica la autonomía. No obstante, a pesar del individualismo de nuestros contemporáneos, la soledad sigue arrastrando una imagen negativa, que ignora la importancia de la interioridad. La mayoría de las veces, se considera que permanecer solo es una especie de consecuencia de un fracaso relacional, o, si produce la apariencia de una elección, se percibe como un camino garantizado al ascetismo y la desdicha.

Ante una persona sola, cualquiera de nosotros proyecta su propia percepción de la soledad y, en lugar de que este término corresponda simplemente a la descripción de un hecho, se convierte en un juicio. Como antaño el destierro de una comunidad, la prescripción de soledad es con frecuencia la amenaza de un marido violento a la mujer que intenta escapar de sus manos: «Si me dejas, te quedarás sola. ¡Nadie querrá saber de ti!». Especialmente, son los que no viven solos, sin duda porque no lo soportarían, quienes tienen la visión más negativa de la soledad. Sólo conocen el aislamiento de las personas mayores o los excluidos, o el de los enamorados rechazados.

Aun cuando el celibato se ha puesto «de moda», la pareja, oficial o no, sigue siendo la norma. Los medios de comunicación pregonan las «nuevas parejas», el amor y las vías fáciles a la felicidad. Pero apenas hacen el recuento de las frustraciones, porque los vínculos amorosos se han vuelto más complejos, y el número de separaciones y divorcios no deja de crecer. La autonomía de las mujeres ha implicado un cambio importante de las relaciones hombre/mujer y una precarización de los lazos íntimos y sociales. Actualmente, hombres y mujeres zigzaguean entre su necesidad de amor y su deseo de independencia. En efecto, muchas mujeres, a partir del momento en que teóricamente obtuvieron una autonomía financiera y sexual, rechazan sacrificar su independencia a cambio de la comodidad de la vida en pareja. El resultado es que la pareja tradicional desaparece y las nuevas parejas que ocupan su lugar son cada vez menos fusionales y cada vez más efímeras.

Con la prolongación de la vida, el aumento de los divorcios y las separaciones, y las elecciones de vida cada vez con mayor frecuencia tomadas individualmente, todo el mundo está, ha estado o estará solo. En una misma vida, tendremos períodos de encuentros centrados fundamentalmente en la sexualidad, períodos en pareja de convivencia, que se alternan con períodos de soledad, y luego relaciones amorosas a distancia, y sin duda otra vez la soledad.

Indudablemente, existe un aislamiento producido por la sociedad moderna. Pregonado como un valor supremo, el individualismo lleva consigo una inseguridad en todos los terrenos. La degradación de las condiciones de trabajo y el empobrecimiento de la vida social conducen a desconfiar de uno mismo y de los demás, a dudar antes de comprometerse. Nuestra sociedad centra a las personas en los éxitos materiales, la importancia del tener y del consumo. Pero la multiplicación de elecciones, la abundancia de la información y la obligación de la felicidad no consiguen llenar a los individuos que se muestran decepcionados, frustrados y desencantados.

Podría pensarse que Internet y las páginas de encuentros vendrían a paliar el déficit de vínculos. Pero también ahí el individuo se encuentra como *uno* entre una multitud de «mismos», de los que le cuesta diferenciarse. Los encuentros permitidos por estas páginas a menudo son frustrantes, ya que los candidatos desconfían, dudan en comprometerse y experimentan en ocasiones el sentimiento de servir para usar y tirar.

Sin embargo, si la soledad es a veces, desde luego, penosa y desesperada, también puede aportar momentos ricos de los que podemos extraer energía e inspiración. Evidentemente, es importante aprender a vivir en común, pero es también indispensable aprender a vivir solo, que cada uno pueda encontrar en la soledad un espacio de reposo y de regeneración: aceptar una soledad relativa es también procurarse los medios de escapar a la futilidad y la superficialidad de un mundo narcisista.

Inevitablemente, las nuevas generaciones de hombres y de mujeres estarán cada vez más solas. Sin embargo, los vínculos sociales no desaparecen, únicamente se han transformado. Si la vida contemporánea, por la multiplicidad de las elecciones que propone, ha traído consigo un mayor aislamiento de las personas, asimismo ha abierto el acceso a otros tipos de encuentros que pueden conducir a vínculos diferentes. Nuevas formas de sociabilidad se han desarrollado para oponerse a la precariedad de nuestro mundo. Y la pareja ya no es el único lugar de inversión afectiva, porque se puede estar igualmente unido a los otros de diferentes maneras: pequeños grupos asociativos no tradicionales, intensas amistades, camaraderías calurosas y solidaridades de proximidad. Lo que permite adaptar cada vínculo a las diferentes facetas de la personalidad, a fin de que cada uno pueda realizarse mejor.

He decidido dedicar mi libro a las múltiples facetas de esta extraña mutación, basándome abundantemente en la experiencia vivida con mis pacientes, a quienes tengo que dar gracias por todo lo que me han aportado. Porque me sorprendió la evolución, desde hace unos quince años, de las palabras que escucho en mi consulta de psicoanalista: lo que les plantea un problema no es la soledad en sí, ya sea padecida o elegida, sino sus consecuencias prácticas en la vida cotidiana.

A través de estas observaciones, me pareció que, en las sociedades desarrolladas, los años que marcan la transición entre los siglos XX y XXI son los de una profunda mutación, que se podría calificar como «antropológica»: aun cuando la representación tradicional de las relaciones hombre/mujer perdura en el imaginario transmitido por determinados medios de comunicación y por la publicidad —en cierto modo atrasados con respecto a su época—, su transformación, inaugurada en la década de 1970, se traduce en la actualidad cotidiana en nuevas prácticas y nuevos proyectos de vida, en todas las generaciones y, sobre todo, evidentemente, entre las más jóvenes.

Tras haber explicitado, en un capítulo preliminar, el aumento general del «sentimiento de soledad» y del «aislamiento relacional», el libro se desarrollará en tres partes. En la primera, mostraré cómo mujeres y hombres se «hacen cargo» de sí mismos afectiva y socialmente con esta mutación, las primeras con mayor facilidad que los segundos, a menudo confrontados a un endurecimiento inédito para ellos de las relaciones con su(s) compañera/o(s), más emancipada/o(s) que ayer. E insistiré en las diferencias entre las vivencias de estos cambios según las generaciones.

En la segunda parte, abordaré los efectos de las contradicciones producidas por el auge del individualismo, la intensificación del trabajo y las ilusiones nacidas de la expansión de nuevas técnicas de comunicación y de lo virtual, que siguen conviviendo con el imaginario patriarcal de ayer. El fenomenal atractivo de las páginas de Internet y las decepciones que la mayoría de las veces procuran son una de sus manifestaciones.

Sin embargo —y esto será el objeto de la tercera parte—, también se experimentan nuevas prácticas de relaciones íntimas entre las personas. Algunas son radicales, como la elección de una vida sin sexo, pero todas trazan el camino de un nuevo modo de ser, en el que la ausencia de compromiso, la capacidad de estar solo y la soledad escogida pueden convivir serenamente con los períodos de «vida en pareja».

CAPÍTULO 1

El sentimiento de soledad

> Estamos solos. No podemos conocer y no podemos ser conocidos.
>
> SAMUEL BECKETT, *Proust*

> Desde hace unos años, renuncié a las cosas, me retiré en mí mismo.
>
> CHRISTIAN, 62 años

El mundo de las soledades es variado, y las fronteras entre sus diferentes formas no son estancas. Bajo estos términos se esconden realidades muy diversas: las de los solitarios, jóvenes solteros, separados, divorciados o viudos; pero también las que se viven en la familia, en la oficina o en una muchedumbre. Porque existen maneras de estar solo en pareja que son peores que estar verdaderamente solo. Con mucha frecuencia, cuando se habla de soledad, no se percibe más que la vivencia dolorosa de los excluidos y los abandonados. También se piensa en los lamentos de quienes, a causa de un carácter patológico, construyen su propio aislamiento, ya sea por falta de confianza en sí mismos o el sentimiento de no ser reconocido o amado, o bien por una actitud de orgullo, de superioridad que engendra una distancia frente a los demás. O incluso la inhibición o el repliegue sobre sí mismo del que uno se lamenta, pero al que finalmente se acomoda. Estos plañideros dicen: «Nadie me quiere», mientras que tendrían que decir: «No quiero a nadie».

La apreciación negativa de los solitarios

Pero al lado de la soledad sufrimiento, también existe una soledad rica y serena. En la apreciación común, sería cosa de los marginales, seres atípicos, personalidades excepcionales, eremitas, navegantes solitarios o creadores. Cuando es cosa de personas en apariencia integradas normalmente en la sociedad, se tiende a pensar que presentan una patología del carácter, como declara Bertrand, de 42 años:

> A la gente le cuesta comprender mi elección de la soledad, pero eso forma parte de mi itinerario vital. Hay quienes no lo aceptan y me aconsejan entrar en Internet para encontrar un alma gemela. Y como yo me niego, se me cataloga como alguien difícil y exigente.

Sin embargo, se puede preferir una velada en solitario con un buen libro a una velada mundana o simplemente en grupo. O bien, cuando se vive en pareja, se puede sentir la necesidad de aislarse un día, un fin de semana o más, para concentrarse mejor, para disfrutar del momento solo o en presencia de alguien que no sea intrusivo.

Pero en una época en que el gregarismo es la norma, decir que se ha disfrutado de la soledad se equipara a una especie de extrañeza y de asociabilidad. Las reacciones ante las personas solitarias no suelen ser siempre afectuosas. Puede que se las compadezca: «¡El/la pobre no tuvo suerte!». Puede que se desconfíe de ellas: «¿Qué es lo que no va bien en él/ella para que no haya conseguido casarse?». Se compadece a una persona aislada, se lamenta que no haya encontrado a nadie que le acompañe en su recorrido vital, y se habla entonces de miseria sexual y afectiva. Se imagina su tedio, su depresión y su frustración. Y los verdaderos solitarios, que no viven ninguno de estos síntomas, apenas se atreven a mencionar su estado, porque temen la imagen negativa que su situación puede comportarles.

Efectivamente, la vida de pareja casada «para lo mejor y lo peor» ha constituido durante mucho tiempo la norma; y la vida solitaria, si no estaba motivada por un compromiso religioso, era sospechosa de perversidad. El celibato sólo existía en la provisionalidad o en el caso especial. Por lo demás, durante la Revolución francesa, se llegaba incluso a excluir a los solteros de la vida pública: «La sociedad popular de

Mayenne exige que los solteros, los sacerdotes y todos los individuos cuya ociosidad revela sentimientos antirrepublicanos sean excluidos de cualquier función pública».[1]

Todavía en nuestros días, se sigue considerando al solitario como un misántropo o un corazón insensible, incapaz de dar o recibir amor, incapaz de adaptarse a la comunidad. De un hombre que vive solo se sospecharán tendencias perversas, y de una mujer, un aspecto brujeril: su libertad se entiende como egoísmo, como si vivir para uno mismo y no en función de los demás constituyera un peligro para el grupo social. Porque, para el sentido común, el aislamiento no puede dejar de ser una sanción y un castigo. Por eso se aísla a los presos recalcitrantes: se pretende que eso los haga entrar por el aro y que, a partir de entonces, se muestren tranquilos, por mucho que se sepa que, cuando se impone el aislamiento, la falta de estímulo sensorial pueda llevar a una debilitación de la persona y a la pérdida de sus referencias sensoriales, hasta el punto de presentar trastornos psíquicos.

Al ver únicamente el lado negativo de la soledad, se olvida que buen número de grandes pensadores y creadores eligieron con frecuencia la soledad a fin de crear las condiciones propicias para su desarrollo espiritual, intelectual o artístico. Para ellos, el alejamiento del mundo era una elección: «Antaño —explicaba en 1993 el médico Michel Hannoun— el solitario era un recluido, no un excluido».[2] Podía escoger abandonar su grupo natural, o bien era desterrado. Pero en la actualidad, al confundir soledad y aislamiento, nuestra sociedad se empecina en querer combatir cualquier soledad y pretende hacerla pasar por una maldición. Ahora bien, la soledad es diferente del aislamiento, porque no depende del exterior, sino de un estado de ánimo interior. Por eso es lamentable que la lengua francesa no distinga el hecho de ser solitario del sentimiento de soledad, tal como hace la lengua inglesa al distinguir *loneliness* de *solitude*.

El temor al rechazo y la nada

El sentimiento de soledad es una noción subjetiva, una experiencia, es la interpretación de una situación, a veces vivida como un rechazo o una exclusión. Uno se puede sentir solo en una muchedumbre, una familia o una pareja. Este sentimiento procede pues de un falta de vínculo, de la impresión de no comunicarse con el entorno, de encontrarse solo en el mundo. Está relacionado con una necesidad de la presencia del otro y con la frustración de no estar acompañado. Se trata de un sentimiento de vacío interior y de aislamiento que no se corresponde necesariamente con una necesidad de compañía o con la ausencia de alguien en particular, sino más bien con el sentimiento de estar aparte, desconectado del mundo, incomprendido. En el fondo, es la aguda conciencia de su situación de ser humano que está y seguirá estando solo frente a sí mismo y a la muerte.

El sentimiento de soledad debe relacionarse con la melancolía, a su vez próxima al tedio. Para muchos, es el equivalente de la depresión, con la tentación de no ver a nadie, de refugiarse en uno mismo para dormir o rumiar pensamientos negativos. Para anular el miedo al tedio, llenamos el espacio con palabras y agitación. Nos da miedo el silencio, que percibimos como una ausencia o como la llegada ineluctable de la muerte. Eso es lo que dice Sophie, de 27 años:

> Cuando no me siento bien, me encierro en mí misma y no contesto al teléfono. Me quedo en la cama gran parte del día y, sobre todo, evito el contacto con gente que se encuentra bien, porque su bienestar me agrede. Al mismo tiempo, me avergüenza no estar en forma y temo los reproches que podrían hacerme: «¡Despierta, reacciona!».

Para prevenir este riesgo del tedio, muchos padres saturan el empleo del tiempo de sus hijos a golpe de deportes, actividades asociativas o televisión: «¡No te quedes ahí sin hacer nada!». Temen la mirada vacía de un niño perdido en sus pensamientos, ignorando que un espacio libre es necesario para interrogarse sobre uno mismo, sobre los propios deseos. Ahora bien, el tedio no está necesariamente ligado al aislamiento. Normalmente surge cuando no podemos hacer lo que queremos o cuando debemos hacer algo que no nos gusta. Didier, soltero de 28 años, es grafista:

> Nunca me aburro cuando estoy solo. Puedo leer, fantasear, escuchar música. Pero, para mí, no hay nada peor que encontrarme en una velada en la que no tengo nada que decir a nadie. Me cuesta soportar las alegrías fingidas. Me da la impresión de perder el tiempo.

Sin embargo, este estado de ánimo no es el más frecuente: en nuestras sociedades hipermodernas, los individuos intentan juntarse para no encararse con sus miedos. Muchos buscan un amor o una pseudoamistad que vendría a colmar su soledad y a llenar su vacío interior. Se mueven, multiplican los encuentros, los amores y los proyectos. Niegan el envejecimiento y la enfermedad, pero la evidencia está ahí: nadie puede evitar la muerte. La agitación del mundo sólo sirve para disfrazar el hecho de que nacemos solos y moriremos solos. Al comienzo estamos acompañados por nuestros padres, luego por los compañeros o las compañeras con quienes recorremos un trecho del camino, luego hacemos hijos que criamos y se alejan. Y, llegada la edad, esta toma de conciencia puede resultar difícil de soportar, sobre todo para los hombres, como Francis, de 64 años, divorciado, ejecutivo superior en prejubilación:

> El fallecimiento de mis padres me condujo a una vacuidad que yo quería ocultarme. Ya no tengo familia, mis padres ya no están aquí y mis hijos viven su vida. Ya no tengo a nadie con quien hablar. La persona que veo con más frecuencia es mi asistenta. Desde luego, están los amigos, pero sería un peligro depender demasiado de ellos, porque pueden abandonarte. La soledad te da una gran disponibilidad hacia los demás, pero no sería conveniente que te volviera exigente hasta el punto de pretender la reciprocidad, ya que entonces correrías el riesgo de encontrarte con una decepción.

Aunque en la ciudad uno está físicamente muy rodeado, porque siempre está el ruido de un coche que pasa, las pequeñas señales de vida de un vecino, una cisterna, un portazo, el sonido de una televisión, da la impresión de que, paradójicamente, en ellas el sentimiento de soledad se soporta peor: muchos ciudadanos se sienten solos y encuentran pocas ocasiones para expresar sus sentimientos profundos a los demás. Es lo que explica Christian, de 62 años, divorciado y jubilado, al evocar el sufrimiento del solitario:

> El problema de todo el mundo es el «totalmente solo». Es difícil matar el tiempo, los días se hacen largos. Tengo que buscarme una rutina cada día. A veces, paso una semana sin una sola llamada de teléfono, sin hablar con nadie. Desde hace algunos años, he renunciado a cosas, me retiré en

mí mismo, me reduje. Hay que hablar de la miseria sexual del hombre solo. A veces es demasiada. Queda el porno, claro, pero no resulta muy glorioso. Por supuesto, si diera, habría mujeres a quienes les interesara, pero yo no doy. Tengo una amiga un poco episódica. Nos vemos, nos volvemos a ver, invertimos poco.

Nadie me espera. Ningún hijo me hace salir. Cuando uno mira un cuadro hermoso, si está solo, pierde su profundidad. Para avanzar, hace falta un acto exterior que te empuje a otra parte. El único hilo que puede arrastrarte es el hilo interior del deseo, pero a veces uno está desenganchado. La jornada de un hombre que no tiene nada en la cabeza y carece de deseos es como estar en prisión, estar encerrado en el mundo.

Acabaré mi vida solo, y debo acostumbrarme a eso. ¿Qué puedo hacer para redimir la pena del tiempo que me queda de vida? No tengo el valor de suicidarme, aun cuando creo que es lo que debería hacer. Tanto vacío y tanta nadería sigue produciendo sufrimiento, aunque incluso el sufrimiento acaba por desaparecer. ¿Es posible vivir sin esperar nada?

Algunos de los que temen la soledad se sienten culpables por estar solos. Es como si su situación fuera la consecuencia de una culpa: «Estoy solo porque no soy como debiera, porque los demás no me soportan». Y cuando estas personas acuden a una consulta, el peligro —volveré sobre esto— consiste en que muchos psicoterapeutas actuales, en lugar de ayudarlos a amar su propia soledad y a enriquecerla, les proponen técnicas para aumentar su narcisismo: los empujan a evadirse en múltiples encuentros, en lugar de a aprender a aceptarse y amarse a sí mismos. Porque su verdadero problema es que esas personas tienen en general una imagen patológica de sí mismas, como Francis, de 64 años:

La soledad me produce la impresión de no ser «amable». Cuando me entretengo en las saunas y nadie quiere saber de mí o cuando doy una fiesta para cincuenta personas y no recibo luego ninguna invitación en reciprocidad... Está claro que el envejecimiento acentúa la soledad afectiva: la piel que se marchita, un paso menos rápido en la calle, una sexualidad cada vez menos satisfactoria; son razones para que se te deje de lado.

De hecho, lo más difícil de soportar es el rechazo de los otros, como explica el filósofo Tzvetan Todorov: «La condición física de la falta de reconocimiento es la soledad: si los demás están ausentes, ya no podemos por definición captar sus miradas. Pero lo que probablemente es más doloroso incluso que la soledad física, que puede ser acondicionada o amenizada gracias a diferentes arreglos, es vivir en medio de los otros sin que recibamos ninguna señal de ellos».[3] Este aislamiento puede ser a veces la consecuencia para quienes, inconscientemente, lo suscitan mediantes actitudes ásperas o perversas hacia su entorno; pero desde luego no es éste el caso de la de las víctimas del acoso moral, los excluidos, los marginales y, con frecuencia, los ancianos. Nadie se interesa por ti. Te encuentras pues cerca de la nada.

Al contrario del sentimiento de soledad, el aislamiento recubre en principio una noción objetiva y observable, según varios criterios: vivir solo o poco rodeado, tener pocas relaciones o simples contactos. Es lo que describía Eugène Ionesco en su novela *El solitario*: «El aislamiento no es la soledad absoluta, que es cósmica; la otra soledad, la pequeña soledad, sólo es social». En 1999, este aislamiento social fue estudiado en Francia por una encuesta del INSEE (Instituto nacional de estadística y estudios económicos): «Relaciones en la vida cotidiana y aislamiento»,[4] que cifró en 7,2 millones el número de personas que vivían solas, o sea el 30% de los hogares, contra poco más de una cuarta parte diez años antes. Y según la encuesta «Aislamiento y vida relacional», realizada en 2006 por iniciativa del colectivo «Combatir la soledad», que reunía a ocho organizaciones no gubernamentales, una persona de cada cinco no tenía ocasión de hablar cotidianamente con alguien. Las principales razones de esta situación eran: la carencia de amigos (100%), la pérdida de un ser querido (45%) y la enfermedad (31%).

Pero contrariamente a los tópicos, la encuesta de 1999 mostraba también que los jóvenes solteros distaban mucho de ser los más afectados por el «aislamiento relacional»: era el caso tan solo del 14% de ellos, contra el 25% de los divorciados y el 35% de viudos.

LOS SOLTEROS CADA VEZ MÁS NUMEROSOS

Mientras que la soledad es un estado de ánimo, la soltería designa un estado civil; e incluso se ha convertido en una «tendencia». A partir de la década de 1990, en Francia, los sociólogos —como François de

Singly,[5] Jean-Claude Kaufmann[6] o Serge Chaumier[7]— inventaron términos específicos para designar a las personas solas: «*single*», «*solo*», «*célibattantes*»,* etc. Con razón, ponen por delante la libertad de que disfrutan a menudo los solteros, pero sin tomar siempre en cuenta el vacío y el abandono que se esconden a veces detrás del objeto de su estudio, especialmente cuando se trata de las personas más mayores.

Indudablemente, puede observarse en las sociedades desarrolladas un aumento del número de solteros, de divorciados y de madres solas, lo que viene acompañado frecuentemente por el incremento del sentimiento de soledad y de aislamiento relacional, aun cuando, y volveremos sobre ello, no siempre es el caso. En 2004, en Francia, se calculaba en 8,3 millones el número de personas que vivían solas en su alojamiento, es decir, cerca del 14% de la población.[8] Esa cifra se ha duplicado en treinta años. Según el INSEE, el fenómeno seguirá aumentando hasta alcanzar una *ratio* del 17% en 2030. El número de ocupantes por domicilio disminuye, sobre todo en las grandes ciudades: del 3,19 en 1954, se ha pasado al 2,13 en 2004. En Europa, 158 millones de personas vivían solas en 2003. Y el fenómeno se encuentra en pleno crecimiento.

Pero la ambigüedad de los términos falsea las estadísticas. Porque, cuando se anuncia, por ejemplo, la cifra de 8,3 millones de personas que viven solas en Francia, las cifras no dicen si tienen o no un compañero o una compañera domiciliado en otra dirección. Tampoco se puede hablar ya de hogar fiscal, porque en adelante existen parejas «no cohabitantes» y no casadas, acogidas a un «pacto civil de solidaridad» (parejas de hecho reconocidas en Francia) o no. Se puede ser soltero sin estar solo y se puede estar solo en pareja. Asimismo, se menciona la cifra de 120.000 divorcios declarados cada año, pero no se tienen en cuenta las parejas no casadas que se separan. Y otros «solitarios» son padres separados que reciben a sus hijos habitualmente y por temporadas bastante largas.

Sobre todo, si la soltería es cada vez más frecuente, se percibe de un modo diferente según las edades. De los 20 a los 35 años, es a menudo

* Solo, en francés, pertenece exclusivamente al vocabulario musical (por ejemplo, «un solo de violín»); célibattantes se ha construido a partir de célibataire (soltero) y puede traducirse al castellano como «solterante». (*N. del t.*)

una etapa, a la espera del encuentro del «gran amor». Cuando la mayoría del entorno social es soltera, se habla por otra parte de independencia más que de soledad. Los encuentros que se producen no tienen miras de futuro. En la medida en que la mayor duración de los estudios y la dificultad de encontrar un empleo estable retrasan el compromiso. Los hombres aguardan a la treintena para pensar en fundar una familia, mientras que las mujeres se comprometen antes, lo que explica que, entre los 30 y los 40 años, los hombres que viven solos sean más numerosos que las mujeres.

> Damien acaba de celebrar sus 30 años. Desde hace cinco o seis años, tiene un trabajo que le apasiona, pero no tiene todavía un empleo estable. Dado que gusta a las chicas, no tiene dificultades para encontrar amiguitas, pero ellas se suceden muy rápido. «Me encuentro en un momento en que lo prioritario es el trabajo. Desde luego, tengo necesidades sexuales, pero la relación, es decir, estar verdaderamente con alguien, me resulta abrumador.» Su padre, que acaba de jubilarse, lo anima indirectamente a que se comprometa con una chica. Damien piensa que, en el momento en que su propia pareja anda de capa caída, le gustaría tener nietos: «La gente de la generación de mi padre se divorciaron varias veces y tuvieron amantes, y ahora pretenden que nos comprometamos, que fundemos una familia. ¡Cómo queréis que les creamos!».

Para las edades intermedias, el estar solo se vive generalmente como un estado transitorio. Entre los 35 y los 45 años, las mujeres se plantean la cuestión de la maternidad, y algunas diplomadas con un puesto de responsabilidad esperan hasta el límite biológico para pensar en hacer un hijo. Después de los 45 años, llega a menudo la soledad de los divorciados. Tres de cada cuatro solicitudes de divorcio se producen por iniciativa de las mujeres (volveremos sobre el tema). La desigualdad entre mujeres y hombres solos se acentúa con la edad. Estadísticamente, las mujeres viven más tiempo que los hombres y, al avanzar en la edad, los hombres tienden a elegir mujeres más jóvenes, lo que acentúa este desfase.

Algunos «seniors» (de entre 60 y 75 años) siguen siendo muy activos y pueden tener ganas de volver a comenzar una vida amorosa, pero raramente una vida de pareja. Otros renuncian y se aíslan: «Se acabó, a mi edad ya no encontraré a nadie, estoy mejor solo/sola». Otros, finalmente, se adormecen recorriendo el mundo en viajes organizados. Pero lo que crea la soledad en las personas mayores es, sobre todo, la pérdida de autonomía y la dependencia que los hace tributarios de los demás. Mientras la persona puede participar en actividades, viajar, leer y se encuentra en plena posesión de sus facultades psíquicas e intelectuales, permanece ligada al entorno social. El aislamiento se establece con la desaparición de los seres próximos, la aparición o el agravamiento de los problemas de salud, la pérdida de autonomía y la reducción progresiva de la vida relacional. Marie, de 65 años:

> Llega un momento en que hay que saber decirse que se acabó la farra, decirse que se ha envejecido, que ya no volverá a tener éxito, que una ya no es bonita, que no se volverá a amar. Habría que estar simplemente contentos de estar en pie, decirse que ya no queda otra cosa. Se pueden esperar algunas distracciones mientras se aguarda el fin.

Al nivel de lo que ahora se llama la cuarta edad, la soledad es todavía más marcada. El período crítico es el de los 79 a los 83 años. Cuando las personas mayores empiezan a flaquear, se las aparta en residencias especializadas donde, aun cuando estén en una colectividad, se sienten solas, lo que implica un riesgo de defunción más elevado. En las casas de retiro, vemos a personas mayores sin otro contacto que con el personal sanitario.

Se ha comprobado por otra parte que la soledad y el sentimiento de estar abandonado van asociados a un aumento del riesgo clínico de demencia tardía: sería como si la soledad pudiera desnaturalizar los sistemas neurológicos que sostienen la cognición y la memoria por falta de estimulación y de actualización regular de su actividad. Las personas solas se volverían por ello más vulnerables a las neuropatologías ligadas a la edad.[9] Lo que conduce a un debilitamiento entre las personas mayores no es únicamente el aislamiento, sino también, a menudo, la pérdida del ser amado. Por ese motivo, a partir de los 85 años, los riesgos anuales de mortalidad son mucho más elevados entre las viudas y los viudos que entre los hombres y las mujeres casadas o solteras.

Ante el aumento del número de solteros, algunas empresas vieron abrirse ante ellos un mercado floreciente. Hicieron un estudio de mercadotecnia y comenzaron a ofrecer acontecimientos o «productos» específicos. Para ellas es una ganga, porque los solteros consumen más, viajan más, cuidan más su cuerpo, compran más a menudo platos preparados y en porciones individuales. Paralelamente, se desarrolló un sector de encuentros, primero mediante pequeños anuncios y agencias matrimoniales, y luego por Internet. Aun cuando muchos encuentros se producen de esta manera, veremos que la mayoría de las veces sólo se trata de una engañifa, destinada a enmascararnos nuestra soledad existencial.

Paralelamente, los medios de comunicación también tomaron consciencia del aumento del número de personas que viven solas y las introdujeron en las series televisivas y las películas, construyendo así el mito del soltero realizado y poniendo por delante los valores positivos de la soltería: autoafirmación, independencia y autonomía. Pero todos ellos sólo se corresponden con una única categoría de soledad, la que se exhibe, la de los treintañeros solteros, con buenos —cuando no altos— ingresos. Pero ¿qué tienen en común una «soltera» de 30 años, profesionalmente activa, con buena salud y sin preocupaciones monetarias, y un hombre o mujer de 55 años en paro? ¿Qué pasa con la persona sola sin dinero o las personas solas ancianas?

La ilusión de la búsqueda del compañero ideal

La soltería se vuelve cada vez más frecuente, pero la suspicacia que la mancillaba perdura y obliga a algunos solteros y algunas solteras a inventarse una relación amorosa oculta para no ser etiquetados como «corazones secos» o «inválidos afectivos». En efecto, si la negatividad asociada a la soledad se ha atenuado, la imagen general en pocas ocasiones es francamente positiva: la norma sigue siendo la pareja y la familia. Y el mensaje dirigido a los solteros sugiere casi siempre que ese estado no va a durar. Se trata más bien de: «A la espera de encontrar el alma gemela...».

Por otra parte, los pacientes vienen raramente a nuestras consultas para lamentarse directamente de su soledad, sino mucho más de sus dificultades para encontrar un compañero con quien construirse un futuro, alguien con quien contar: el verdadero problema no es el encuentro, sino la duración de la vida en común. Al observar el modo de vida de mis pacientes, veo desarrollarse combinaciones distintas a la de la pareja casada «para toda la vida»: pareja fusional, pareja autónoma, pareja no cohabitante, persona sola que tiene una relación amorosa, sola con aventuras puntuales, etc. Pero lo que es nuevo, sobre todo, es que una parte significativa de mis pacientes, principalmente las mujeres, han decidido vivir solos.

Desde luego, se me podrá objetar que esta muestra es la de una consulta psiquiátrica o psicoterapéutica, y que, por tanto, estas personas están en crisis o se interrogan sobre su trayectoria vital. Más bien diría que van por delante, precisamente porque se ponen en tela de juicio.

Algunos buscan en la pareja una salida a su soledad, pero esta búsqueda es frecuentemente la de una ilusión, porque el otro no les evita necesariamente la soledad; simplemente puede acompañarles en ella. A veces están dispuestos a cualquier cosa para rehuirla, a encuentros sin ilusión, al sexo que deja un regusto de tristeza después del abrazo. Cada cual busca a un otro con quien establecer vínculos, a ser posible amorosos, sin dejar de desconfiar en un eventual apego. Se quiere el vínculo, pero a condición de poder desengancharse a la menor duda. En mis consultas, compruebo la afirmación de una doble aspiración: por un lado, la del repliegue en la pareja y, por otro, la de la realización personal en un mundo duro de competencia e individualismo. ¿Cómo conciliar ambas? La dificultad consiste en encontrar un ajuste entre la fusión necesaria en el amor romántico y el espacio de autonomía que permita una realización individual.

El matrimonio, vínculo social por excelencia, ya no constituye un valor seguro. En Francia, cerca de un matrimonio de cada dos acaba en ruptura, y las separaciones se dan con mayor frecuencia en un medio urbano. El hecho de tener uno o varios hijos retrasa a menudo el divorcio, porque algunas parejas esperan a que sus hijos sean autónomos para separarse. Pero los divorcios se producen a todas las edades, tras dos o tres años de matrimonio o tras la partida de los hijos. Según el INED (Instituto nacional de estudios demográficos), el número de divorcios de personas mayores de 60 años se duplicó entre 1985 y 2005.[10]

Lo novedoso, igualmente, es que las mujeres se encuentran con mucho en el origen del cambio: en cerca del 70% de los casos, son ellas las que piden la separación. Antes las mujeres dudaban en pedir el divorcio, porque con él perdían su estatuto social y financiero. Ahora ya no dudan en separarse: muy pronto en caso de violencia psicológica o de infidelidad del cónyuge, o más tarde cuando consideran que han cumplido con su trabajo de madres y de protección de la familia.

Para las mujeres de la generación del *baby boom*, la seguridad se identificaba con el hecho de vivir en pareja. A partir de la década de 2000, ya no sucede lo mismo para buen número de ellas, y mucho menos para las más jóvenes, que la buscan más en la autonomía. Si ya no se cree verdaderamente en la pareja a pesar de buscarla es porque tanto hombres como mujeres han cambiado: bajo la influencia de la norma todavía dominante, la de la idealización de la pareja, nuestros contemporáneos buscan siempre el compañero ideal para formar una pareja perfecta, pero una exigencia tan fuerte ha provocado un cierto desencanto y un riesgo mayor de soledad, que sin embargo no siempre es sinónimo de malestar.

PRIMERA PARTE

Un encuentro imposible

CAPÍTULO 2

La independencia de las mujeres

Los hombres ya no me ilusionan; ya los he calado.

CHRISTINE, de 53 años

La autonomía de las mujeres y su libertad sexual han desembocado en un cambio considerable en sus relaciones con los hombres. Son las causantes del cambio de las parejas, porque son ellas quienes más se interrogan. La monogamia había aparecido para ayudar a las madres a criar a los hijos, pero, a partir de ahora, ya sean solteras o estén emparejadas, se las arreglan con frecuencia por sí solas con sus hijos. Entonces, ¿qué necesidad tienen todavía de los hombres? Por primera vez en la vida de la humanidad, ya no les incita nada en concreto para emparejarse. Desde luego, queda el amor, pero la definición que le dan no siempre se corresponde con la que le dan los hombres.

EL TRABAJO, EMANCIPACIÓN Y OBLIGACIÓN

Un primer cambio en la vida de las mujeres concierne a la actividad profesional: aun cuando estén lejos de disfrutar de igualdad con los hombres en el plano económico y social, las mujeres francesas son cada vez más activas (el 47,5% de ellas trabajan) y están también más cualificadas (el 51% de ellas tenían un nivel superior al bachillerato en 2005, frente al 43% de los hombres).[1] Sin embargo, aunque representen el 46% de la población activa, sólo ocupan el 24% de los puestos de responsabilidad en las empresas, y únicamente entre el 6% y el 8% de los puestos de dirección. Aun cuando los medios de comunicación muestran algunas mujeres excepcionales por su éxito, la desigualdad entre hombre y mujer persiste en el mundo del trabajo. El salario de las mujeres sigue siendo inferior entre el 15% y el 20% al los hombres de igual competencia; y un análisis detenido revela que las mujeres se dedican a oficios que los hombres ya no quieren porque están peor pagados.[2]

Antes las mujeres sólo podían prevalecer en los oficios llamados «femeninos» —amas de llaves, maestras o enfermeras—, es decir, los que se correspondían con el papel ancestral de las mujeres;[3] y era preferible que fueran solteras. Para las que triunfaban en oficios tradicionalmente reservados a los hombres, se remarcaba el lado masculino de su personalidad. Desde luego, las cosas han cambiado y las mujeres ya pueden apuntarse a cursos de autodefensa o de bricolaje, entrar en el ejército o en la policía. En teoría, no hay nada que se oponga a que ellas reivindiquen los mismos oficios que los hombres, ya que, con el desarrollo de la automatización en la mayoría de los sectores, incluidos los industriales, las exigencias físicas son menos fuertes. Sin embargo, se sigue enseñando a las niñas que son frágiles e inferiores físicamente, que no podrán manejar herramientas y que, por consiguiente, necesitan un hombre que las proteja y las ayude en la vida diaria. Algunas han integrado ese mensaje de su debilidad y su aceptación se transforma a veces en una verdadera desventaja.

Aunque la situación de las mujeres ha mejorado mucho desde la década de 1970, muchas de ellas se quejan en la actualidad de su dificultad para obtener una igualdad real y ser reconocidas en su justo valor. Y aun cuando desempeñen un papel importante tanto en el plano profesional como en el plano familiar y sexual, con frecuencia tienen la impresión de que su fracaso con los hombres se debe a que no hacen lo suficiente.

Para las mujeres, el trabajo es una condición para realizarse, un medio de autoafirmación, mientras que los hombres tienden a considerar el trabajo de su mujer como una fuente de ingresos complementaria, e incluso como un seguro para el caso en que se encontraran en paro. Y aunque la mayoría de las mujeres trabajen, no siempre es en una perspectiva de emancipación, sino en una lógica más trivialmente económica, a fin de disponer de dos salarios para mantener a la familia o como un seguro para el caso en que se encontrasen solas. Con frecuencia, en la pareja, el «salario adicional» de la mujer se emplea en los pequeños gastos de la vida cotidiana, mientras que el del hombre se dedica a las grandes compras y a los créditos. Este reparto, que puede parecer anodino, tiene a veces graves consecuencias en los divorcios, ya que el hombre puede argüir que pagó él solo el crédito, es el único propietario del apartamento comprado en común. Por otra parte, si las mujeres han conquistado su libertad y su autonomía, no han abandonado sin embargo el trabajo doméstico: al precio de un aumento de las obligaciones, se las ingenian para llevarlo a cabo todo a la vez. El trabajo no las aleja de su papel ancestral, porque en la pareja el núcleo duro de las tareas domésticas sigue reposando sobre ellas en el 80% de los casos. Se han convertido en mujeres orquesta, que asumen (casi) solas los papeles femeninos tradicionales y al mismo tiempo las actividades antaño reservadas a los hombres. Con objeto de reservar tiempo para la educación de sus hijos o para cuidar de sus allegados, eligen con mucha frecuencia trabajos peor remunerados pero que les dejan mayor disponibilidad.

En Francia, según una encuesta realizada por el INSEE en 1999, el reparto de las tareas en una pareja moderna ha evolucionado poco en relación con el que se daba treinta años antes. Las mujeres dedicaban una media de treinta y tres horas por semana a la limpieza del hogar, las compras, el cuidado de la ropa y las atenciones a los hijos. Las tareas que incumben a los hombres y las que corresponden a las mujeres no son equivalentes desde el punto de vista de los sinsabores que causan, la satisfacción que procuran y, en fin, las obligaciones y responsabilidades que implican. Si tenemos en cuenta que, incluso en las parejas modernas en que los dos trabajan, las actividades domésticas ocupan a las mujeres dieciséis horas por semana frente a las seis horas de los hombres,[4] y que éstos, cuando participan en las tareas domésticas, eligen prioritariamente las actividades menos molestas (como lavar los platos o hacer la compra, o incluso pasar el aspirador), se entiende que gran cantidad de mujeres se sientan estafadas. En descarga de los hombres hay que decir que a las propias mujeres les cuesta con frecuencia liberarse de los estereotipos femeninos de la perfecta ama de casa y que, muy a menudo, prefieren ocuparse ellas mismas de las tareas domésticas antes que oír a su marido refunfuñar o hacerlas de mala gana.

La trampa de la disponibilidad

La independencia financiera es una condición importante para la autonomía de las mujeres, pero no es suficiente. Porque aun cuando trabajen y se ganen bien la vida, siguen definiéndose por su papel doméstico; y se culpabilizan si la pareja o los hijos se sienten mal. Las mujeres cuyos compañeros rechazan compartir las tareas cotidianas deben renunciar a menudo a responsabilidades profesionales; y se sigue considerando normal que sea la mujer la que se eclipse para atender a su compañero. Cuando hay hijos, con un nivel de responsabilidad igual, son la mayoría de las veces las mujeres quienes ponen en sordina su trabajo para ocuparse de ellos; por ejemplo, cuando un hijo está enfermo, es a la madre a quien se llama a su trabajo y debe pedir un «permiso por enfermedad del hijo».

Cuando se divorcian, algunas mujeres explican que su nueva situación apenas les supuso obligaciones suplementarias con respecto a las que vivían en pareja. Es lo que me dice Lara, de 45 años, agregada de prensa y divorciada con dos hijos:

> Cada vez que viví en pareja, tuve que renunciar a una gran parte de mi individualidad. Cuando mis hijos eran pequeños, tuve que trabajar menos, renunciar a salir e incluso a un puesto en la universidad, porque su padre se negaba a compartir las obligaciones: «¡La madre eres tú!». En casa, me encargaba de casi todo: la compra, la preparación de las comidas y la supervisión de los deberes escolares. Mi marido llevaba las cuentas y organizaba las vacaciones. Tras mi divorcio, intenté otra vida de pareja, pero apenas fue mejor. Por ese motivo, de momento, sigo sola.

A falta de poder construir su propio proyecto, numerosas mujeres se emplean a fondo en el proyecto del cónyuge, pero así corren el riesgo, después de años de matrimonio y de renunciar a su carrera profesional, de encontrarse un día abandonadas en la estacada. Mariette, actriz y escritora, de 62 años, vivió esta triste experiencia:

> Al comienzo de nuestra convivencia, valoraba a mi marido y lo puse en un pedestal, estaba al servicio de sus propuestas. Ahora, se encuentra en una armoniosa madurez, y un hombre de 60 años gusta a las mujeres más jóvenes. Él se aprovecha y mariposea.

> Yo perdí mi sustancia, una mujer de mi edad ya no interesa a nadie, salvo por su experiencia, sus conocimientos prácticos o incluso su espiritualidad. Desde luego, con la menopausia, tengo ahora la posibilidad de construir algo diferente que no se funde únicamente en las hormonas femeninas, pero ignoro la manera de hacerlo, nunca lo había intentado.

Las mujeres de la generación del *baby boom* se entramparon así en relaciones en las que se habituaron a dar demasiado. Sin duda, reivindicaron su autonomía y la igualdad entre los sexos, pero a menudo quedaron apegadas a los papeles tradicionales en la pareja. Algunas son hasta tal punto activas y reparadoras que tienden a cargar sobre sus espaldas a todo su entorno. En un registro de amor altruista, intentan mejorar a los hombres, salvarlos de sus dependencias o su violencia. Los hombres lo saben y les piden demasiado, como declara Élisabeth, profesora de universidad, divorciada, de 49 años:

> De niña, quería ser una guerrera. Soñaba con ser amada por los más encumbrados príncipes. Siempre intenté seducir a los hombres. Como no podía ayudarlos, salvarlos, les daba placer. Ahora, sostengo a todo el mundo: mi antiguo amante que teme que ya ne le desee, mi ex-marido que me consulta antes de tomar cualquier decisión importante, mi padre desde la muerte de mi madre y mis viejos amigos metidos en líos. Amo a estos hombres, pero es pesado cargar con ellos. Esperan demasiado de mí. Se han vuelto hacia mí como los girasoles hacia el sol. Estoy cansada de servir de muleta a todos.
>
> Para escapar a eso, este verano me voy a marchar de vacaciones con dos amigas. Todas estamos en el mismo punto de inflexión de nuestras vidas: solas y desilusionadas con respecto al trabajo. Aguantamos a nuestros hombres que están peor que nosotras, que son demasiado frágiles.

Las mujeres han sido «condicionadas» para ponerse al servicio de los demás, para atender ante todo al deseo del otro, y de ese modo muchas perdieron la conciencia de su propio deseo. Son estajanovistas de la entrega animosa, de la lucha permanente en todos los frentes. Sin sosiego, deben demostrar que existen, que tienen derecho a trabajar, que son buenas esposas, buenas madres, amantes, hijas... Cuando vacilan, estas mujeres no lo muestran. Algunas dicen que instintivamente se ponen en un segundo plano cuando están en presencia de un hombre: «No me siento sola mientras haya alguien de quien deba ocuparme», sigue dicendo Élisabeth.

Antaño, estaban al servicio del hombre y se esperaba de ellas que se hicieran a un lado, que fueran dóciles y sumisas a las obligaciones y las humillaciones.

> De su período en pareja, Jeanne (de 45 años, divorciada y con tres hijos en custodia alterna) conservaba el recuerdo de una perpetua falta de tiempo. Entre el trabajo de la jornada, los hijos por la tarde, el cuidado de la casa, las comidas y lo que llamaba los «ocios forzados», no le quedaba tiempo para ella. En los escasos momentos en que habría podido no hacer nada, tenía que ir al campo para «airear a los hijos». Si se negaba, se hacía acreedora del apelativo de madre ingrata, egoísta y perezosa.
>
> Desde que vive sola, tiene la impresión de aprovechar mejor su tiempo: tiempo con los hijos, tiempo para leer y escribir, y para sus ocios: cenas, exposiciones y cine con las amigas. En cuanto al sexo, uno o dos amantes solitarios. Rehacer una vida de pareja le parecería una pérdida de tiempo. Para eso ya no tiene lugar en su vida.

No hemos salido de una visión tradicionalista del mundo, en que la mujer se ocupa de lo privado y lo interpersonal, y los hombres de la vida pública y de las ciencias. Y en la que se sigue oponiendo el éxito social y profesional de las mujeres a su éxito amoroso, lo que implica que, para triunfar en la pareja, tendría que silenciar su trabajo. Si una mujer hace gala de una personalidad excesivamente fuerte, se compadecerá a su marido, al considerar que está «aplastado». Mientras que si es el hombre el que tiene una fuerte personalidad, se considerará normal que su mujer permanezca en la sombra. Las que destacan con soltura en el plano profesional producen inquietud en los hombres: o bien escapan de ellas o bien las agreden. Élisabeth ya no lo acepta:

> ¿Qué se puede hacer para no dar miedo a los hombres? ¿Jugar a mostrarme como lo que no soy, representar la comedia de la fragilidad para salvaguardar su ego?

La reivindicación de autonomía

Porque ahí tienen todas las de ganar, corresponde a las mujeres la iniciativa del cambio de la pareja. Para muchas, la vida en el marco de la pareja tradicional se presenta en efecto como un obstáculo para su éxito profesional y su realización social. Es lo que explica que sean cada vez más numerosas las mujeres que rechazan la vida cotidiana con un hombre, al considerar que eso añade una carga suplementaria a una vida de por sí cargada. Las que se ganan holgadamente la vida y tienen una actividad profesional y social estimulante, se vuelven exigentes. Sin duda desean amor, pero se niegan a perder su autonomía. Annick, médica, de 52 años, lo dice claramente:

> No necesito a un hombre, me gano bien la vida, me manejo perfectamente en el plano material, me voy de vacaciones sola, tengo muchos amigos, me organizo como quiero.

En la década de 1960, la feminista estadounidense Betty Friedan había mostrado cómo el discurso dominante tendía a encerrar a las mujeres en la pareja desposeyéndolas de toda identidad.[5] En la actualidad, intentan encontrar su propio lugar, y algunas dicen que necesitan estar solas para recuperar su identidad. En una sociedad que pregona el individualismo, la realización de uno mismo y el bienestar personal, cada vez más mujeres heterosexuales se niegan a sacrificar su independencia a cambio de la supuesta comodidad de una vida de pareja: rechazan el papel de cosita frágil y sumisa que les era atribuido. El modelo de la mujer en el hogar que se sacrifica por el marido y los hijos ya no les concierne. Ya no quieren ser la «mujer de...», sino un individuo. Y una relación con un hombre debe ser un «plus» que contribuya a construirlo. Los movimientos feministas, al alentar en las mujeres una toma de conciencia de sus condiciones, produjeron efectos irreversibles: se volvieron exigentes en la calidad de la relación. Desean encontrar a alguien que las sosiegue, pero asimismo que las sorprenda y las exalte. Y les gustaría poder integrar ternura y sexualidad en sus relaciones con los hombres. A menudo siguen esperando un príncipe encantado, pero no a cualquier precio. Si el otro no respeta su personalidad, prefieren seguir solas. Así es como Sylvie, de 30 años, divorciada de un hombre posesivo, describe al hombre que le gustaría encontrar:

> Mi independencia y mi necesidad de soledad son inmensas, por eso necesito un hombre que tenga una vida por su cuenta, sus amigos, sus salidas, su trabajo, que sea amoroso, atento, detallista y servicial. Salir conmigo no tendría que significar dejarlo todo por mí y vivir sólo para mí. Todo lo contrario. Cada cual tiene que continuar su vida y hacer que el otro la comparta. Un hombre así tiene que ser apasionado, pero no fusional. La presencia no es necesariamente física, sino más bien psicológica y afectiva. Tendríamos que vernos únicamente cuando se sientan ganas, respetando el jardín secreto y la intimidad del otro.

Estas mujeres ya no se dejan engañar y los hombres dicen que se han vuelto más duras. Les resulta difícil asumir su éxito, su dinamismo y su capacidad para resolver los problemas. En amor, ellas saben tomar la iniciativa, y algunas se apropian incluso de la parte machista de los hombres y no las arredra desempeñar el papel de donjuanes al modo femenino y «consumir» a los hombres. Ellas lo quieren todo: un hombre que tenga los atributos de la virilidad, mayor, fuerte, tranquilizante y firme, pero que no sea un macho y que tenga también las características de una mujer... Sylvie lo precisa así:

> Para ser igual a mí, este hombre no puede ser ni macho ni posesivo. Tiene que ser fiable y firme, sereno y asentado. También me gustaría que fuese inteligente y divertido, que sepa replicar y me haga reír. Necesito admirar para amar, por eso no soportaría a un hombre débil o al que tuviera que mantener. Me gustaría que me hiciera descubrir otros horizontes y conocer cosas que no conozco.

No es nada extraño que, de vez en cuando, a algunas de estas mujeres «modernas» les cueste soportar la coraza que ellas mismas se han forjado.

La madurez de las mujeres del *baby boom* y la nueva soledad

Si esta mutación afecta a todas las generaciones, el cambio más manifiesto concierne a las mujeres de la generación del *baby boom*, con una edad entre los 50 y los 60 años en la década de 2000. Creyeron en la liberación de las mujeres, se pusieron a trabajar y pretendieron triunfar en todos los tableros: vida profesional, vida de pareja, vida de familia.[6] Intentaron ser a la vez buenas profesionales, buenas madres y seductoras amantes. Y sin dejar de entregarse por completo a su trabajo, trataron de proteger su pareja. Pero, al mismo tiempo, muchos hombres de esa generación, beneficiarios de una mayor libertad sexual, les fueron infieles, y las mujeres se sintieron traicionadas, como dice Gina, de 51 años y jurista:

> Estuve casada quince años, crié a mis hijos prácticamente sola porque el papá «trabajaba». Sin embargo, yo también tenía un empleo y ganaba tanto como él. Durante todos estos años, me esmeré en ser perfecta: administraba la casa, preparaba platos equilibrados para proteger la tasa de colesterol de mi cónyuge y que mis hijos aprendieran a gustar de las frutas y las legumbres; adquiría localidades para el teatro o los conciertos, porque el señor decía que yo sabía ocuparme mejor de todo eso, y me esforzaba en mantenerme seductora y sexy para alimentar su deseo. Resultado: no dejó de engañarme sin dejar de decir que no se marcharía para no romper la familia.
>
> Fui yo quien pidió el divorcio y no me arrepiento. Desde que vivo sola, al disponer de más tiempo, puedo dedicar más a mi trabajo. Ahora tengo responsabilidades importantes y me gano bien la vida. Mi ex marido se aprovechó de ello para rebajar la pensión alimentaria de mis hijos, que realizan onerosos estudios superiores en el extranjero. Me parece lamentable para ellos, pero prefiero asumir el coste a entrar en un nuevo conflicto mezquino.

Por eso, al no poder encontrar relaciones satisfactorias con los hombres, algunas de estas mujeres en la madurez eligen la soledad, y en ocasiones la ausencia de relaciones sexuales. Eso les permite aprovechar la vida, practicar deportes y viajar, lo que les aporta satisfacciones más seguras. Para muchas de estas mujeres, amor rima con sufrimiento y dependencia. Por tal motivo, a fin de proteger su libertad, a partir de entonces rechazan todo lo que pudiera volverlas dependientes. Eso excluye a veces el amor, pero no necesariamente la sexualidad ni el placer de estar con un hombre una noche.

La nueva desconfianza de las mujeres con respecto a los hombres puede adoptar múltiples formas. Muchas de ellas intentaron mantener a su hombre a cualquier precio en una posición fálica y se sintieron afligidas cuando perdió su aura, desilusionadas cuando se les reveló ingenuo y débil. Las que fueron ninguneadas o brutalizadas en una pareja precedente pueden dejar de confiar en los hombres y recibir con suspicacia cualquier forma de benevolencia. Algunas niegan sus sentimientos y se vuelven ferozmente independientes: «¡No necesito a nadie!». Otras desarrollan un miedo profundo y reaccionan de manera excesiva a cualquier crítica: al tener una baja opinión de los hombres, a quienes perciben como discapacitados en el plano de la comunicación afectiva y como obsesos sexuales, sueñan a veces con un mundo sin hombres. Así, en una novela de ciencia-ficción publicada en 1989, *Le Rivage des femmes*,[7] la escritora feminista estadounidense Pamela Sargent (nacida en 1948) describía un mundo en el que, tras un holocausto nuclear, las mujeres y los hombres viven separados: las mujeres en sus ciudades, en las que han preservado la civilización y la tecnología; y los hombres en las praderas y los bosques, donde vagabundean en bandas. Sumidos en su ignorancia, estos últimos reciben como una bendición la ilusión electrónica de satisfacciones eróticas cuando se les «solicita» entregar su esperma.

Esta fábula extrema expresa sin duda con crudeza el sentimiento inconfesado de una parte significativa de las mujeres de la generación del *baby boom* en los países occidentales: cuando una mujer ha sido decepcionada (y *a fortiori* victimizada) por una pareja, se vuelve excesivamente desconfiada. Y esta desconfianza de las mujeres de esa generación con respecto a los hombres se ha trasmitido con frecuencia a sus hijas. ¿Qué imagen de los hombres pueden tener las niñas cuando su madre ha sido engañada, abandonada o maltratada? ¿Cómo es posible creer en la pareja cuando una ha visto a sus padres desgarrarse con historias de patrimonio o de custodia del hijo? Ya no es la imagen del amor redentor, sino la del amor destructor.

Es el caso, por ejemplo, de Maria, con 37 años, cajera de supermercado, hija de una madre soltera que crió sola tres hijos y extendió a la prole la fobia que le producían los hombres:

> Estoy sola. Prácticamente siempre he estado sola. No tengo confianza en los hombres, sólo quieren sexo y no se puede contar con ellos. Educo a mi hijo, trabajo, eso es todo. Tengo mi familia, dos amigas, y con eso me basta. *Con la gente, siempre ocurren historias* [subrayado por mí]. No se trata de hacer como mi madre, a quien siempre pegaron todos sus compañeros.

Si las mujeres están la mayoría de las veces solas, es en parte porque su relación con los hombres ha cambiado y se han vuelto más exigentes. Pero también por razones demográficas, porque, desde el año 2000, el reparto desigual de la soledad según los sexos se acentúa al llegar la cincuentena. En efecto, nace una proporción constante de chicos y de chicas (105 chicos por cada 100 chicas), y los hombres siguen siendo más numerosos que las mujeres hasta la edad de 30 años. A continuación las proporciones se equilibran hasta los 55 años. Más allá, las mujeres se vuelven poco a poco mayoritarias. En 2003, la Francia metropolitana tenía 30,7 millones de mujeres por tan sólo 29 millones de hombres. Ellas representaban como media el 54 % de la franja de edad comprendida entre los 60 y los 74 años, y las dos terceras partes de los mayores de 75 años.

Las mujeres que viven solas son con frecuencia habitantes de las ciudades y tienen una alta competencia profesional (una mujer directiva de cada cinco que vive sola). Y su soltería es, si no elegida, al menos la mayoría de las veces aceptada, aun cuando eso no les impida buscar un compañero en Internet. Mientras que en el siglo XIX la soltería femenina pertenecía fundamentalmente a las clases pobres (obreras y criadas, sirvientas rurales, mujeres sin dote), ahora va unida mucho más a una alta capacitación.

En Francia, ya lo hemos dicho, las mujeres son quienes solicitan con mayor frecuencia el divorcio, aun cuando a menudo sea materialmente más duro para ellas; y muchas no tienen reparo en decir que se sienten aliviadas, que por fin van a poder vivir a su aire y no privarse de nada. Aún más, se puede comprobar que si en las generaciones precedentes las mujeres intentaban casarse a cualquier precio y lo que más temían eran «quedarse para vestir santos», ahora hay muchas más mujeres que hombres que rechazan un compromiso matrimonial. Fueron educadas por madres que no trabajaban fuera de casa porque no habían estudiado o porque su marido les había sugerido autoritariamente que, por el bien de la familia, sería preferible que se quedaran en el hogar. Vieron cómo sus madres se lamentaban de las obligaciones matrimoniales, de la infidelidad de sus esposos y de la imposibilidad de divorciarse en condiciones adecuadas, ya que carecían de autonomía financiera.

La elección de la soledad

Tras una separación, es raro que las mujeres intenten inmediatamente volver a establecer una pareja tradicional. A menudo dicen necesitar un tiempo de recuperación, solas, para poder recogerse y reconstruirse. Para establecer una nueva pareja, ponen sus condiciones, como explica Lara, de 45 años:

> Me gustaría tener pareja, pero es necesario que la cosa valga la pena. El otro debe aportarme algo más, no sólo su presencia, sino también una seguridad material, una introducción en un medio social más elevado y sobre todo un estímulo intelectual y cultural o bien una apertura a un mundo desconocido.

La mayoría de las mujeres rechazan las relaciones de fuerza que implica a menudo una relación amorosa, están cansadas de los retos de seducción, del poder de uno sobre el otro, del permanente temor a ser abandonadas. Algunas intentan encontrar otro compañero, pero son conscientes de que, para eso, necesitan prepararse. Primero tienen que pasar página y luego organizarse, mostrarse femeninas —porque los hombres buscan mujeres *sexy* que estimulen su libido—, producir una ilusión de ligereza —porque una mujer atormentada no es atractiva—, saber no obstante administrar los problemas de intendencia —porque un hombre no tiene ganas de lastrar su porvenir con problemas— y representar la comedia de la felicidad —porque ¿cómo se puede resultar seductora ordenando los antidepresivos a la hora del aperitivo?

Ante el requerimiento de tantos esfuerzos, algunas renuncian. Porque para cada vez más mujeres, al margen de lo que digan, y sobre todo lo que diga la prensa femenina, el amor no es la prioridad. Lo primero que buscan es la realización de su vida profesional y la obtención de una determinada seguridad material, para ocuparse a continuación de su estabilidad amorosa. Tal es el caso de Béatrice, de 57 años, enfermera:

> No pongo en duda el amor de estos hombres, pero se trata de un amor que implica que yo me ocupe de ellos, y de eso ya estoy harta. He criado a mis hijos, me he ocupado de mis padres enfermos sin dejar de trabajar, y ahora me gustaría encontrar a alguien que se ocupe de mí y, como sé que no lo encontraré, prefiero quedarme sola.

Actualmente, cuanta más autonomía adquiera una mujer más difícil le resultará volver a hacer vida de pareja después de un divorcio. Habrá aprendido a administrar su tiempo, su dinero, sus ocios, sus amistades y le costará mucho trabajo soportar el menor control. Sentirá un auténtico placer en el dominio de la situación. Quienes disfrutan de esta soledad son con frecuencia perfeccionistas e irreprochables, incluso a veces poseen un yo hipercontrolado, que procura alcanzar la perfección. Tras algunas experiencias desastrosas, hay quienes, como Laura, de 46 años, prefieren seguir estando solas:

> Porque mi marido no lo hacía, aprendí a administrar sola toda la organización de la casa, las compras, las reparaciones, los deberes de los hijos y las relaciones con la escuela, e incluso los ocios. Me volví hiperorganizada y eficaz. Muchas veces le pedía que me ayudara, pero cuando aceptaba hacer algo se convertía en una proeza y resultaba a fin de cuentas más complicado para mí, por lo que entonces ya no le pedía nada.
>
> Cuando, antes de nuestra separación, fuimos a ver a un consejero conyugal, dijo que tenía la impresión de que no había sitio para él, pero era necesario que esta casa funcionara con o sin él. Su marcha no cambió nada en un plano práctico, sigo teniendo las mismas preocupaciones y las mismas cargas, pero puedo organizarme a mi manera.

Desde luego, las mujeres que eligen vivir solas todavía siguen presentando una imagen inquietante para quienes se han mantenido en la pareja tradicional. Se las puede culpabilizar o tratar con conmiseración. Se tiene lástima de ellas, se cree que tienen un problema o incluso que han sido víctimas. Otras veces se las teme. Es una situación que no dista mucho de las brujas a las que se quemaba en la plaza pública: tienen una libertad, una omnipotencia que hay que destruir, porque amenaza el poder de los hombres. Las parejas desconfían de ellas, y las mujeres casadas temen a la devoradora de maridos:

> Tras haber abandonado a un marido del que se había cansado, Corinne, de 41 años, maestra, dijo que no tenía ganas de volver a formar pareja, porque temía instalarse en una formalidad un tanto triste. Sin embargo, dijo que echaba de menos la relación con un hombre: «El problema de las mujeres solas es que formamos un clan aparte. Estamos contentas de vernos, de hacer cosas juntas, pero se nos excluye de los encuentros de pareja porque las mujeres casadas nos evitan, por temor a que les robemos a su hombre».

Se oye a veces decir, cuando una mujer es libre e independiente, ya que hasta ese momento tal conducta era exclusiva de los hombres, que tiene un comportamiento masculino, e incluso machista. Pero este tipo de actitud tiende a volverse cada vez menos frecuente: las mujeres solteras suscitan menos burla o compasión que antes, y padecen menos dolorosamente la presión social. Porque, aun cuando socialmente no siempre es fácil para ellas, las mujeres se acomodan mejor a la soledad que los hombres. Muchas tienen una vida social rica, y participan en actividades intelectuales y culturales. Es posible comprobar en ellas un importante desfase entre su gran disponibilidad hacia los demás y un gusto por el aislamiento que en algunas podría parecer egoísmo. Al encontrarse con mucha gente, no se consideran solas. Ponen en marcha un nuevo modo de vida, con lugares donde reunirse, cenas de mujeres en que pueden relajarse, reír y hablar de cualquier cosa sin temor a ser juzgadas. No sólo se acomodan bien a la soledad, sino que algunas de ellas eligen instalarse solas en el campo o la montaña.

A los 39 años, tras un despido, Hélène decidió marcharse de París para instalarse sola, con sus gatos, en una pequeña casa en el campo: «Ya que en la ciudad se está solo, ¡mejor estarlo realmente y en un lugar apacible!». En el trabajo, al producirse una reestructuración, había conocido las rivalidades y las luchas por el poder; todo el mundo estaba dispuesto a eliminar al otro para mantener su puesto. Ella ya no quiere ese tipo de relaciones. Ya que precariedad es lo que hay, trabajará como interina.

En el plano afectivo, al salir de una separación, necesitaba un poco de tiempo para ver con claridad: «Quería liberarme de la necesidad de ser amada. ¡No quiero ya necesitar a nadie!». Tras una instalación difícil, porque siente el peso de la falta de contacto y la rudeza de las condiciones materiales, va aprendiendo a disfrutar la paz y el silencio, la tranquilidad de pasearse por el campo al amanecer. Dice que no permanecerá toda su vida en este aislamiento, pero tampoco se plantea regresar a París.

Ellas eligen el alejamiento como una etapa, una forma de reconstruirse tras una separación o un duelo, o bien como una forma de hacer una pausa, de encontrarse consigo mismas. Algunas establecen de entrada la soledad como modo de vida. Para todas estas mujeres es importante el poder arreglarse solas. Aun cuando paguen caro su libertad, en ocasiones con la duda, el dolor y un sentimiento de abandono, se trata para ellas de poner a prueba su coraje y su valor. La razón por la que una cantidad mayor de mujeres que de hombres hace esta elección es que su autonomía no puede darse por adquirida *a priori*.

Los psicoanalistas aventuraron la hipótesis de que, si algunas mujeres eligen la soledad, es porque su cuerpo está habitado por el padre: «El vínculo inconsciente entre una hija y un padre carismático es tan sólido que ningún pretendiente puede rivalizar con él».[8] Pero ¿no será más bien su decepción frente al fracaso de una madre que ha padecido la dominación de su marido, o bien frente a una madre frustrada o poco calurosa? Todas estas mujeres dicen: «¡No quiero parecerme a mi madre!». En su libro sobre la soledad radical de algunas mujeres en el campo, Françoise Lapeyre informó que el punto común a todas estas mujeres consistía en haber tenido una infancia sin madre o con una madre no afectuosa que habría iniciado así a la niña en la soledad.[9]

La solidaridad de las mujeres

En su búsqueda de autonomía, ellas encuentran a menudo apoyo en otras mujeres, porque existe una gran complicidad y solidaridad entre las mujeres solas. Así, Inès, de 60 años, muy angustiada tras una ruptura particularmente brutal, fue llevada literalmente en hombros por sus amigas hasta que se recuperó. Esto es lo que les escribió a continuación:

> Algunas de vosotras os conocéis. Otras no. Algunas os parecéis. Otras nada. Sin embargo, tenéis un punto en común: sois mis amigas. Cuando estaba totalmente perdida en las tinieblas, me habéis ayudado a encontrar mi camino y a ponerme en pie. Me habéis devuelto el gusto por la vida. Todas me habéis repetido esta frase: «¡Puedes llamarme a cualquier hora del día y de la noche!».
>
> Me habéis acogido en vuestras casas. Durante una temporada, tuve camisones y cepillos de dientes por todas partes. En muchas ocasiones me habéis secuestrado literalmente: «¿Qué haces mañana?». «Nada.» «Pues entonces prepara la maleta, que te vienes conmigo a la costa.» O bien: «Esta tarde hay un festival de jazz. Vamos».
>
> Con vosotras, me dejé llevar confiadamente. Me habéis preparado exquisiteces para mí sola; subíais de la bodega con una buena botella en la mano: «¡Ya me dirás qué te parece ésta!». Seleccionasteis para mí algunas películas irresistibles de vuestra colección privada.
>
> Con vosotras, he llorado, pero también me he reído mucho. Hablábamos muy mal de los hombres: «¿Sabes lo que me ha hecho mi marido?». «¡No puedo creerte!» «¡Sí, te lo juro!» Y entonces nos entraba una risa loca liberadora.
>
> Me habéis llevado en volandas. Juntas caminamos escuchando el ruido de las olas. Hicisteis que me entraran ganas de comprarme ropa, que cambiara la decoración y adoptara un nuevo «*look*». Me habéis escuchado al teléfono hasta perder la noción del tiempo. Habéis cruzado París en metro de un extremo al otro, a las once de la noche, para acudir en mi ayuda y luego dormisteis algunas horas en mi sofá cama.
>
> Me habéis hecho saborear la paz y la alegría del momento presente. Supisteis pronunciar las palabras justas. Supisteis escuchar. Me hicisteis cantar «*Gracias a la vida*».
>
> Ahora comprendo todo lo que habéis hecho por mí, la suerte de haberos conocido, esta cadena amistosa de todas las mujeres maravillosas que sois.

Las mujeres dicen que mantienen entre ellas relaciones más profundas y ricas que con los hombres, algo que lamentan. A menudo se les oye decir: «¡Es una lástima que yo no sea lesbiana! ¡Todo sería más sencillo!». Pero es posible pensar que estas relaciones son más ligeras precisamente por estar desprovistas de deseo sexual. Lo no quiere decir que estas mujeres no amen a los hombres, sino simplemente que las relaciones con las amigas son más sencillas. En ellas encuentran complicidad, risa franca y sobre todo solidaridad. Christine, de 53 años, asistenta social:

> Me siento bien con mis amigas, a quienes les gusta mi lado dinámico. Con las mujeres, es fácil, tenemos los mismos polos de interés, hacemos el mismo tipo de bromas, mientras que con los hombres una nunca se parte de risa. Tenemos que ser como a ellos les gusta: vestirnos con faldas, y nada de colores oscuros. Los hombres ya no me ilusionan, los he calado. Prefiero el registro «buena amiga», porque, como soy generosa, recibo mucho a cambio.

A menudo, las mujeres solas se sienten entre ellas como cuando eran adolescentes, en la época en que no se planteaban la cuestión de «instalarse» a vivir con un hombre, en que bastaba con divertirse y gustar. Al liberarse, algunas se niegan a hacer el duelo por todas las posibilidades. Comprometerse con un hombre significaría renunciar a todos los demás: «Mientras sea libre, puedo gustar a todos los hombres». Ante todo quieren gustarse a sí mismas.

El deseo de tener hijos

La soledad elegida, tal como hemos visto, no es propia únicamente de las mujeres maduras: cada vez más mujeres jóvenes —la mayoría de las veces diplomadas con un puesto de responsabilidad— retrasan todo lo posible el momento de comprometerse en una pareja. Y cuando deciden hacerlo es porque, al aproximarse a los 40 años, se enfrentan con una elección: tener un hijo sola o arriesgarse a no tenerlo nunca. Es cierto que existe una desigualdad entre los sexos, al poder los hombres teóricamente procrear sin límite, mientras que la naturaleza da poco tiempo a las mujeres: su reloj biológico gira.

Consciente o inconscientemente, estas mujeres sólo contemplan la posibilidad de la pareja en la perspectiva de tener hijos. Porque quieren ser madres, buscan un padre. Es el caso de Estelle, de 37 años:

> Estoy dispuesta a tener un hijo, pero lo que me falta es el padre. Preferiría no hacer este hijo sola, pero, si a los 40 años lo sigo estando, lo haré de todos modos.

Ahora, tener un hijo ya no es un accidente, sino una elección programada en el momento oportuno. Resulta más fácil decidir tener un hijo que encontrar un padre que lo haga y, hacia los 35 años, algunas mujeres se ponen a la búsqueda de un progenitor (a falta del hombre ideal, las mujeres que se acercan a la edad fatídica de la cuarentena pueden acudir a los centros de fertilidad belgas para una inseminación artificial).[10]

> Después de varias experiencias de pareja de dos o tres años cada una, Muriel, de 36 años, se casó finalmente cuando estaba embarazada, y la pareja se instaló en París. Desgaciadamente, poco después del traslado, ella tuvo un aborto y su marido la abandonó. El shock provocado por el aborto seguido por la ruptura trajo consigo un estado depresivo enmascarado por la cólera contra su ex marido: «¡Quería una familia, pero no me amaba!». Tras algunas semanas tomando antidepresivos, recobró su dinamismo y se inscribió en una *web* del vecindario para hacer conocidos en su barrio y en una página de encuentros: «No me imagino la vida sin amor».
>
> Dice que le cuesta estar sola porque, desde los 16 años, siempre estuvo emparejada, pero sobre todo porque quiere hijos, y a los 36 años, tras un aborto, según ella, no tiene tiempo que perder. Directiva comercial, conoce a mucha gente, pero en París no tiene una red suficientemente amplia porque es originaria de provincias y su vida de pareja la había alejado de sus amigos.
>
> En Internet, su búsqueda de un compañero es muy activa: «Encontré a uno que me gusta, pero hay cosas que no me acaban de convencer, ¡y voy a ver si encuentro algo mejor!». «La dificultad consiste en encontrar la persona adecuada en el momento adecuado, cuando cada cual está dis-

puesto a comprometerse.» Con ella, la mayoría de las relaciones arrancan a toda velocidad, y el otro se enamora muy pronto. Ella plantea de entrada el problema de los hijos, porque piensa que es preferible ser clara desde el comienzo.

Tras algunas semanas en una página de encuentros, conoció a un hombre que le interesaba, pero la relación sólo duró dos meses. Está muy decepcionada, porque este hombre rompió por teléfono diciéndole que no conseguía dar el salto, que no estaba suficientemente enamorado. Ella encontró entonces a otro, pero éste frenó con rapidez, explicándole que prefería parar inmediatamente porque sentía que ella le exigiría mucho.

Por las últimas noticias que tengo, Muriel encontró a un inglés que vive en Madrid. Primero tuvieron conversaciones virtuales mediante de una Webcam para trabar conocimiento, y luego ella fue a Madrid para encontrarse con él. Sin haberse visto realmente, tenían la sensación de conocerse bien cuando se encontraron. Luego, se vieron dos o tres veces, se enamoraron y hacen proyectos de futuro. La cuestión que se les plantea es la elección de un país para planear una vida en común, previa a la llegada de un hijo.

Tener un hijo es a menudo un elemento de éxito narcisista. Este hijo se ve afectado entonces por una carga narcisista, no es únicamente un instrumento de reproducción social, sino una prolongación de uno mismo y del amor idealizado. Se podría decir que es un objeto de consumo emocional.

Gwladys, de 48 años, está separada desde hace cinco años de Bernard, el padre de Louis, su hijo de 12 años. Desde la separación, vive sola, sin ninguna relación amorosa y sin actividad profesional. Su vida se centra únicamente en su hijo: vela por su bienestar material y para que tenga buenos resultados escolares. Debe tener en cuenta que, cuando vaya a ver a su padre los miércoles o algunos fines de semana, los deberes estén hechos, lo que le obliga a anticiparse.

Como no ha habido ningún acuerdo concerniente a la custodia de su hijo, debe calzar su empleo del tiempo en función del modo de organizarse del padre. De esta manera, Bernard consiguió lo que quería de Gwladys: que renunciara a su propia vida y que se ocupara exclusivamente de su hijo para su gratificación narcisista.

De hecho, la soledad es ante todo difícil para las mujeres que deben asumirse solas material y moralemente mientras educan a sus hijos. Su vida está entonces tan ocupada por las obligaciones materiales —el trabajo, la preparación de las comidas, los deberes de los hijos, el cuidado de la casa, etc.— que no tienen sitio para una vida propia. El único descanso consiste en mirar la televisión, porque para las salidas tienen que pagar un canguro y no todas tienen los medios para hacerlo. Cuando vivían en pareja, esta carga no se manifestaba tan claramente, aunque la seguridad que les aportara la pareja sólo fuera ilusoria si el cónyuge era poco conciliatorio y ellas ya asumían la intendencia de la casa y la educación de los hijos.

No es fácil educar sola a los hijos, porque la madre desempeña todos los papeles: ella da los mimos y, al mismo tiempo, es quien debe decir no. Este matriarcado educativo aleja a los hijos de la realidad y favorece la formación de personalidades narcisistas.

> Nathalie, de 34 años, está separada de un hombre con quien tiene una hija. Se quedó en el apartamento que ocupaba con el padre, porque todavía no había encontrado uno más pequeño en un barrio próximo a su trabajo y a la escuela de su hija; pero una vez pagado el alquiler, ya no le queda prácticamente dinero. Tiene la impresión de que entre su trabajo y su hijo, no tiene tiempo para nada más: «¡Soy tan sólo una madre!». Está totalmente alejada de la seducción, su libido está seca. Pero tampoco considera la posibilidad de volver pronto a formar una pareja, lo que sin embargo podría servirle para salir del apuro financiero: «Acostarme sola por la noche es muy agradable. No tengo ganas de tener a un hombre en casa. Temo las luchas de poder».

Las dificultades materiales son tales que, a menudo, son motivos económicos los que conducen a las madres divorciadas a querer volver a fundar una familia tradicional. Otras dicen que no vuelven a emparejarse a causa de la oposición de sus hijos. Pero, con mucha más frecuencia, estos últimos desean que su madre encuentre a alguien, que se normalice en cierto modo, para poder decir, como sus compañeros, «mi padre adoptivo», y sobre todo para dejar de preocuparse por ella. En efecto, a muchos hijos les cuesta soportar la soledad de su madre y la pesada carga de angustia y culpabilidad que puede acarrear.

En la actualidad, vivimos en una época de bricolaje afectivo: las mujeres consiguieron una igualdad teórica con los hombres, pero ahora necesitan ajustar su modelo afectivo y emocional a sus nuevas funciones, encontrar nuevos modelos de reparto con los hombres. La dificultad consiste en asumir estos nuevos papeles sin renunciar a sus deseos, a la maternidad y a la intimidad. A las mujeres les gustaría mucho tener más poderes, pero no están necesariamente dispuestas, en una sociedad tan dura como la nuestra, a correr riesgos por eso. A veces se sienten poco seguras e incluso algunas tienen la sensación de haber usurpado el lugar que ocupan. Es lo que expresa a su manera Béatrice: «Durante mucho tiempo, soñé con un hombre fuerte que vendría a aliviarme del peso de las obligaciones cotidianas, compartir mis preocupaciones...».

Pero los hombres, como veremos, también han sido profundamente afectados por las mutaciones que acabo de mencionar. Y a menudo experimentan muchas más dificultades que las mujeres para hacerles frente y asumir la soledad.

CAPÍTULO 3

El desconcierto de los hombres

¡Salvad a los hombres!

Publicidad para KOOKAÏ

El código civil napoleónico había hecho de la esposa la subordinada del hombre: no tenía derecho a vender, viajar, trabajar o heredar sin la autorización de su marido. Bajo la presión de las feministas, la mayor parte de esas viejas trabas han desaparecido y las mujeres adquirieron, en principio, una igualdad con los hombres, que por tanto perdieron su superioridad ancestral. Es innegable que esta igualdad hombre/mujer en todos los campos, incluido el del amor y la sexualidad, ha aportado un cambio enorme en las relaciones entre ellos, y ha producido una crisis de identidad de los hombres.

LA INSEGURIDAD DE LOS HOMBRES

Frente al aumento de poder de las mujeres en la sociedad, algunos hombres ofrecen resistencia y los más tradicionales rechazan la igualdad. Muchos están preocupados, son conscientes de haber perdido poder y, frente a mujeres liberadas a quienes no pueden ya dominar, temen no estar a su altura.

Tradicionalmente, los hombres buscaban su identidad en el ámbito profesional y en la seducción viril, pero actualmente han perdido sus certezas. No hay terreno en el que no se sientan inseguros: por una parte, nunca tienen garantías de conservar su puesto de trabajo; por otra, en el hogar, cada vez controlan con mayor dificultad a sus hijos, que se dejan guiar más a gusto por los valores inculcados por los medios de comunicación que por los consejos paternales; y finalmente, en su pareja, las mujeres exigen un reparto de las tareas y, al menos eso es lo que creen, una satisfacción sexual garantizada. La emancipación de las mujeres los ha enfrentado a su propia vulnerabilidad, y han tomado conciencia de su dependencia emocional frente a ellas.

Cuando una mujer parece fuerte y no tiene necesidad de ser protegida, suscita en ellos una angustia: «¿Para qué sirvo?». Dicen querer a una mujer independiente, pero les cuesta trabajo soportar esta autonomía. Si ella parece poder pasar de ellos, se sienten relegados, y si ella se antepone, por poco que sea, la consideran narcisista. Frente a las mujeres hiperactivas, muchos hombres permanecen pasivos; cualquier cosa les da miedo: el compromiso, el cambio, la responsabilidad de los hijos. Y cuando la pareja no funciona, se sienten incomprendidos y víctimas. Lo que reprocha un hombre a una mujer que lo ha abandonado siempre es lo mismo: «¡Eres castradora, te has apoderado de los hijos, tienes poca disponibilidad sexual!».

Pero las mujeres ya están hartas de los hombres que no dejan de quejarse. Esto es lo que cuenta Corinne, de 41 años:

> En esta *web* de encuentros, Philippe se presentaba como un empresario muy activo y apasionado por su trabajo. Cuando me encontré con él, en un café, de buenas a primeras comenzó a contarme sus penas: «¡Sacad el pañuelo!». No hice ningún intento por apiadarme o conseguir más detalles, pero no me ahorró las minucias de sus problemas de pareja, de la pensión alimentaria exorbitante que le reclamaba su ex mujer y la ingratitud de sus hijos. Luego me habló de su despido y de la obligación en que se ha visto de ponerse a trabajar por su cuenta porque, a los 55 años, en su campo profesional, no se encuentra empleo asalariado. Durante media hora no dejó de quejarse de los demás, buscando mi compasión.
>
> Estoy harta de la infelicidad de los hombres. Éste podría haber tenido el pudor de hacer un mínimo esfuerzo para seducirme. Pero no, este hombre, como otros antes, quería que se ocuparan de él, que alguien llenara su soledad. Estos hombres no se parecen en nada a los caballeros que se lanzaban a la conquista de una mujer. A menos que sea una asistenta social, ¿cómo puede una hacerse ilusiones con un hombre que habla de sus difi-

cultades de trabajo, de su mujer que lo ha abandonado y de sus obligaciones con respecto a los hijos?

Con frecuencia, la vulnerabilidad de los hombres es lo que les lleva a preferir la vida en pareja. Les da seguridad. Buscan a la vez una mujer que «vele por uno» y sea autónoma en cuanto a los gastos y los hijos, aunque les gustaría que dependiera de ellos afectivamente para estar seguros de poder conservarla.

La crisis de los estereotipos de la feminidad y la masculinidad

Aun cuando duden en formularlo con claridad, los hombres, de cualquier edad, buscan preferentemente una mujer «femenina», lo que en su mentalidad a menudo significa *sexy*, es decir, sexualmente «complaciente». Esto es lo que dice Marc, de 42 años, casado y con dos hijos:

> Siempre me han atraído en las mujeres las manifestaciones de una ultrafeminidad: las faldas que dejan desvelar las piernas, las medias (sobre todo los leotardos), los tacones altos, el lápiz de labios rojo, los pendientes... Una mujer femenina es también una mujer frágil que se mantiene aparte. Si atrae, es de un modo más pasivo que activo, y no debe ser muy intelectual.
>
> Me doy cuenta de que, aun cuando me considero un hombre moderno, existen en mí dos imágenes de la mujer: aquella con la que te acuestas, que es una mujer de encuentros, y aquella con la que puedes compartir la vida. Mi mujer viste a menudo con pantalones. Cuando se pone faldas y medias, lo hace tan sólo para complacerme, pero me parece que no lo hace tantas veces como me gustaría.

Para agradarles, una mujer debe también trabajar. En teoría, la mayoría de ellos desean que su mujer tenga un trabajo, pero, en la práctica, siguen buscando mujeres con menos titulación o que ocupen puestos de menor prestigio. Los de más edad siempre esperan que su compañera atienda la casa y eduque a los hijos.

Este esquema de pareja tradicional se manifiesta con mucha claridad en las *webs* de encuentros, en las que los hombres recientemente viudos o divorciados buscan a la mujer que sustituirá a la ex esposa, para recuperar una cómoda situación social, poder salir en pareja, recibir visitas y volver a adecuarse a la norma. Esa experiencia la ha vivido Élodie, de 38 años, empleada de banca:

> En una página de encuentros conocí a un hombre que se acababa de divorciar de una mujer casera. Muy pronto, iniciamos una relación muy agradable en el plano sexual. Quería volver a formar pareja y buscaba una mujer autónoma financieramente, porque se había visto obligado a abonar una fuerte prestación compensatoria a su ex mujer. Pero, al estar acostumbrado a que se ocuparan de él, no estaba dispuesto a cambiar su relación con las mujeres en la intimidad; nunca proponía ayudar en las tareas domésticas, y tampoco se ofrecía a pagar la cuenta cuando íbamos al restaurante.
>
> Una noche, cansada e irritada, le pedí que me ayudara un poco más. Entonces me reprochó no ser suficientemente femenina, no llevar picardías de seda, no maquillarme bastante y no decolorar el vello que, me dijo, me formaba bigotes. Comprendí que este hombre que, por un lado, apreciaba que me ocupara de la intendencia, que compartiera a partes iguales los gastos con él, quería conservar una posición «viril». Preferí ahuecar el ala, porque no tenía nada que ofrecerme aparte del sexo. Si a cambio de tener un hombre en mi cama debo llevar una vida peor, es decir, con más obligaciones y menos libertad, prefiero prescindir del sexo.

La sociedad prepara siempre a los chicos para ocupar un papel dominante, para no dudar de su poder, pero la realidad se encarga pronto de mostrarles que esa postura ya es insostenible. Sin embargo, les cuesta aceptarlo, porque se han censurado en ellos las expresiones de debilidad, y no suelen tener otro recurso que la cólera o los celos, las únicas emociones que no han aprendido a controlar.

Nuestra sociedad sobrevalora la eficacia y el éxito, y las propias mujeres siguen esperando que un hombre se muestre agresivo en algunas circunstancias. En todo momento, tiene que ser el mejor, por los medios que sea. Con el pretexto de la competitividad, en algunas profesiones se valora el cinismo. Si la mujer tiene que ser «femenina», el hombre, por su parte, está obligado a plegarse a los códigos de la «virilidad». Pero estos estereotipos de hombres fuertes y poderosos resultan a veces difíciles de asumir, y algunos hombres no encuentran otra manera de enmascarar sus debilidades que aplastando a quien es más débil que ellos, o sea, a su mujer, como señala el psicoanalista Christophe Dejours: «La virilidad se mide precisamente con la vara de la violencia que se es capaz de infligir a otro, especialmente a los que se domina, empezando por las mujeres».[1]

Desde hace varios decenios, al haberse modificado los esquemas tradicionales, algunos hombres se sienten inseguros y temen perder su masculinidad en relaciones más igualitarias. El cambio todavía no ha sido bien asimilado, y a muchos les resulta difícil aceptar que su compañera tenga mayor éxito social, es decir, tenga mayor reconocimiento profesional o gane más dinero, como declara Annick, de 52 años, médica:

> Soy una mujer materialmente autónoma y eso me ha creado problemas con los hombres. Con mi marido, las cosas se degradaron cuando comencé a ganar más dinero que él. Si bien teníamos el mismo trabajo, progresé más rápido que él y tuve muchas compensaciones positivas. Cuando nos separamos, para darse relieve, se sintió obligado a rebajarme e incluso a humillarme.
>
> Luego, no tuve problemas con los hombres a condición de que me mostrara como una mujercita débil a la que podían proteger, pero cuando manifestaba mi fuerza o simplemente mi firmeza, me lo hacían pagar.

Mientras que los estereotipos culturales siguen describiéndolos como fuertes y seguros, muchos hombres no se sienten a la altura ante una sociedad que les exige cada vez más. Se habla de sexo «débil» a propósito de las mujeres, pero son ellos quienes resisten peor la presión y, sobre todo, las frustraciones. Algunos aceptan su parte femenina, pero otros se deprimen y otros incluso reaccionan violentamente. Los más afectados por estos cambios sociales son quienes tienen una imagen grandiosa de sí mismos, o sea, las personalidades narcisistas. Ésa es la vivencia de Julia, de 44 años, profesora universitaria:

> Cuando conocí a André, él no sabía cuál era mi situación profesional. Al comienzo se mostró protector, «superior». Muy pronto, me hizo saber que mi trabajo no debía interferir en nuestra relación. Le resultaba difícil aceptar que llegara tarde de mi trabajo o que me llevara conmigo informes

durante el fin de semana. Cada vez que observaba síntomas de mi éxito profesional, se mostraba violento. Como yo estaba muy apegada a él, acabé por renunciar a una promoción para que hubiera paz, y me arrepiento.

La falta de autonomía

Se bromea a menudo con la falta de autonomía material de los hombres que, cuando se acaban de divorciar, no saben poner una lavadora o cocinar. Pero su falta de autonomía es principalmente afectiva: creyendo que es la mujer la que pide sujeción, son ellos quienes tienen dificultades en vivir solos. Estos mismos hombres débiles en la intimidad pueden parecer seguros en sociedad, y es este desfase lo que les reprochan las mujeres.

Muchos ignoran la distancia adecuada que permite una relación sana, y pretenden la fusión. Temen ser abandonados, establecen una relación en que la que los dos miembros se confunden, sin espacio para respirar, sin distancia para retroceder. Esperan que su mujer, como esperaban de su madre, les entregue amor, atención y tiempo; les gustaría que llenara sus carencias, que estuviera disponible para ellos, y sólo para ellos. Porque son incapaces de estar solos tras una separación, muchos se las ingenian para encontrar rápidamente otra mujer, y normalmente acaban encontrando una que, engañada por un antiguo esquema cultural, aceptará responder a su demanda.

Un estudio del Instituto canadiense de estadística, realizado en el período entre 1994 y 2005, mostró que los hombres divorciados o separados de su cónyuge, de cualquier edad, tienen seis veces más probabilidades de ser víctimas de una depresión que los que siguen viviendo en pareja; mientras que las mujeres que se encuentran en la misma situación sólo corren un riesgo 3,5 veces mayor.[2] Este estudio confirma que los hombres se ven más afectados por una separación que las mujeres, porque temen más el abandono. Al haber tenido dificultades para librarse del dominio materno, tienen un profundo sentimiento de inseguridad, lo que les impide alcanzar una autonomía emocional, y su exigencia de cuidados por parte de su compañera es muy grande.

Alain, de 56 años, dejó de vivir cuando su mujer lo dejó hace cuatro años: «Ella quiso divorciarse, pero yo sigo considerándome casado con ella». Su mujer encontró otra pareja, pero él no. Sigue estando furioso porque piensa que ella no se implicó completamente, mientras que él lo dio todo por la pareja. Al marcharse, ella le dijo que ya no le amaba, pero Alain piensa que ella no hizo el esfuerzo, que hay que esforzarse en amar.

Luego, sin ser directamente depresivo, se deja llevar, descuida su apariencia, no sale de casa y se crea problemas en el trabajo. La exhibición de su desgracia le procura éxito entre las mujeres que se sienten conmovidas por su tristeza, pero al cabo de poco tiempo se impacientan y acaban por reprocharle su debilidad.

Mientras que cada vez son más las mujeres que luchan para lograr su independencia, muchos hombres siguen buscando la dependencia, lo que para ellos es una forma de acomodar su miedo a la intimidad. Como esperan que una mujer colme sus carencias, ésta debe estar disponible para ocuparse permanentemente de ellos, aportarles lo que saben que les falta, estimularlos y conseguir hacer de ellos un hombre. Experimentan la necesidad de autonomía de las mujeres como un rechazo o un abandono, mientras lo que ellas buscan es únicamente un espacio para respirar.

De una manera general, los hombres viven solos con menos frecuencia y, cuando se da el caso, se trata menos de una elección que de una imposición por parte de las circunstancias (contexto rural, fracaso social). Tras una separación, en general, los hombres se vuelven a emparejar con mucha más rapidez. E incluso a veces se anticipan para no quedarse solos, como Jérôme, de 32 años, que conoció a Catherine cuando estaba en crisis con su mujer:

> Fue Catherine quien me permitió poner término a la relación con mi mujer. Bastante pronto me habló de vivir juntos y de tener un hijo, pero he visto que, de hecho, no quería cambiar nada. Vive fuera de París y soy yo quien tiene que desplazarse. Tengo la sensación de no ocupar ningún lugar en su vida. Tendría sin duda que dejarla, pero no tengo ganas de volver a hundirme en la soledad que conocí antes de mi matrimonio.

Sin embargo, a pesar de su necesidad de fusión, a menudo temen sentirse atrapados, como lo estaban con sus padres, en una relación que los pondría a merced de la influencia de una mujer a la que imaginan todopoderosa. Por eso, para eludir el problema, se engañan entregándose de forma desmedida a su trabajo.

La dificultad de ser hombre

En nuestra época, ser un hombre no es algo obvio: exige una construcción identitaria que no es evidente, porque los criterios de la masculinidad han cambiado. Los más jóvenes tienen dificultades para encontrar su lugar entre la virilidad triunfante y el *metrosexual*. A menudo educados por mujeres solas, les resulta difícil identificarse con un padre que ha estado ausente. De un modo más general, son víctimas de una orden paradójica: se les pide ser a la vez viriles y dulces, fuertes y capaces de expresar sus emociones. Frente a mujeres que destacan en el plano profesional, ¿cómo desempeñar un papel protector que los colocaría en una posición de superioridad? Al no encontrar esta posición, muchos de ellos generalizan y se quejan «de las» mujeres, del mismo modo que las mujeres se quejan «de los» hombres.

Muchos creen que su compañera es demasiado dura. Entonces, para consolarse, algunos prefieren elegir una mujer netamente más joven o perteneciente a una cultura que les haga aceptar un modelo de pareja más tradicional. Es más adulador para ellos y les permite seguir siendo dominantes, gracias a la diferencia de edad o de situación económica. Y si buscan una mujer que tenga una apariencia más juvenil, es también para reforzarse en el plano narcisista y preservarse en cierto modo de su propio envejecimiento.

> Éric, de 43 años, reconocía que era un Don Juan. Necesitaba comprobar permanentemente que gustaba a las mujeres, pero, al no querer enfrentarse a un fracaso, elegía blancos fáciles, preferentemente aquellas que no tendría que volver a ver luego: «¡Es como si me viera actuar, como si me fabricara recuerdos para cuando ya no pueda hacerlo! Necesito tener mujeres en la despensa para que no me falten».

Según los antropólogos, es porque las mujeres tienen el privilegio de la fecundidad, y especialmente de la concepción de los hijos masculinos, que los hombres han querido siempre dominarlas para controlar su vientre y apropiarse de los hijos.[3] Pero la contracepción y la «interrupción voluntaria del embarazo» cambiaron las referencias, dando a las mujeres la posibilidad de elegir tener o no tener un hijo, mientras que ellos no siempre tienen la posibilidad. La separación del placer sexual y la procreación ha implicado una autonomía sexual de las mujeres, y muchos hombres no están ya seguros de su virilidad. Juzgan a las mujeres sexualmente demasiado exigentes o agresivas, no aceptan ya tener el monopolio de la iniciativa:

> Michel, de 56 años, biólogo, se inscribió en una *web* para encontrar una «amiga», puntualizando que no tenía ninguna intención de convivir. Pero aunque considere normal tener aventuras sin mañana, se sorprende de que las mujeres le inviten a su casa a partir de la segunda cita: «¡Se da cuenta de que las mujeres cultivadas, del bachillerato en adelante, sólo piensan en el sexo!».

Frente a lo que creen que es una exigencia de las mujeres, que saben mucho mejor lo que desean, temen no estar a la altura, y acuden a la consulta mucho más frecuentemente por impotencia. Algunos evitan el problema y buscan compañeras más jóvenes, porque, en este caso, pueden compensar su pérdida de poder físico con su poder social y económico, y pueden sentirse así útiles e importantes.

En la cincuentena, algunos hombres toman conciencia de que les queda poco tiempo para realizar sus sueños. Como su vida profesional se ha estabilizado, e incluso bloqueado, lo único excitante que les puede suceder tiene que darse en el plano amoroso. Al haberse instalado el cansancio en su pareja, tienen ganas de iniciar una nueva vida, de vivir cosas diferentes en el plano sexual. A veces tienen la tentación de volver a partir de cero, de encontrar una nueva mujer, de fundar una nueva familia. Y se van con su amante, que se convierte en su mujer. Pero al cabo de algunos años, o incluso meses, la insatisfacción vuelve a aparecer, y pueden sentir la tentación de volver a cambiar.

Bernard, de 60 años, ha dado muchas vueltas y pocas veces ha encontrado estabilidad con una mujer. Ahora vive solo, pero tiene nostalgia de una vida familiar con hijos. Le gustaría ser cabeza de familia con hijos y nietos, y busca una mujer que tenga hijos ya criados: «Más joven, era demasiado egoísta para educar hijos. ¡Tenía demasiadas cosas que hacer, demasiados proyectos!». En su defecto, aun cuando se considere demasiado viejo para una paternidad, le gustaría encontrar una mujer más joven que esté dispuesta a darle un hijo, pero no tiene ganas de ocuparse de él...

MUJER BAJO CONTROL, PASO A LA VIOLENCIA

Mientras que oficialmente se tiende hacia una mayor igualdad hombres/mujeres, en la intimidad de la pareja se comprueba cada vez mayor control, celos y violencia psicológica. Hasta ahora, la mujer se veía atrapada en el seno de la pareja por su falta de autonomía material y afectiva, pero parece querer escapar, y a algunos hombres les cuesta aceptarlo: «Si ella quiere amor, ¡tiene que hacerse amar!». Creen que el amor que les dan tendría que ser suficiente para colmarlas.

Ya que la mujer se ha vuelto menos dependiente, el hombre puede verse tentado a reforzar la vigilancia: se ven aparecer así en la pareja nuevas formas de dominación, más sutiles y discretas, centradas en las expresiones psicológicas. El hombre puede intentar conseguir mediante presión, culpabilización o manipulación lo que no obtiene espontáneamente de su pareja. Gracias a las nuevas tecnologías, el control es hoy día más fácil, la intrusión en la intimidad del otro puede ser todavía más minuciosa: se puede hurgar en sus e-mails y sus SMS, y cada vez es más difícil conservar un jardín secreto. El teléfono móvil constituye una trampa, porque si bien permite mantenernos conectados permanentemente con aquel que nos ama, también permite vigilar a la persona cuya infidelidad se teme.

Muchos hombres confunden amor y posesión. Pero el amor no es posesión, sino intercambio y reparto. Cuando un hombre dice a una mujer: «¡Quiero que seas toda mía!», eso puede querer decir deseo, pero también: «Tú me perteneces y no puedes existir sin mí». Y en este caso, si ella se aleja, corre el riesgo de pagarlo con un desencadenamiento de violencia. En estas relaciones fusionales, sin ningún límite, cualquier cambio de uno de los miembros pone en peligro a la pareja. Cuando una pareja se basa en un maternalismo de la mujer hacia el hombre, la llegada de un hijo puede por ejemplo desestabilizarla. Más tarde, si la mujer parece ser demasiado fusional con su hijo, el hombre puede sentirse frustrado e intentar recuperar el poder por todos los medios.

Para los hombres, todo es un problema de distancia: la excesiva proximidad les inquieta, porque la experimentan como un riesgo de absorción, pero una distancia demasiado grande reactiva su miedo al abandono. El control que ejercen sobre su mujer les permite determinar en cada momento la distancia a la que ésta debe mantenerse.

Algunos hombres experimentan la conquista de autonomía por las mujeres como una pérdida de poder, pero también como una pérdida de valores personales y por tanto de autoestima. Los más frágiles en el plano narcisista tratan a veces de enmascarar su sentimiento de impotencia interior mediante el control y el dominio. Esperan de su mujer, como un hijo puede esperarlo de una madre, que aligeren el peso de sus tensiones, que alivien sus angustias. Y si no lo consiguen, se les aparecen como enemigas y se les responsabiliza de todo lo que no funciona.

Esta tensión interna que sólo se canaliza mediante un control permanente sobre la compañera, está ligada a su miedo infantil a ser abandonados, y cualquier situación que sugiera una separación puede arrastrarlos a una crisis de cólera celosa. El paso a la violencia es para estos hombres una solución para escapar a la angustia, aunque también al miedo: miedo a los afectos del otro, miedo a sus propios afectos y miedo a hacer frente al otro. Temen ser invadidos por una angustia de aniquilación, y el acto violento actúa en ellos como una protección para su integridad psíquica. El control del otro mediante demostraciones extremas de masculinidad viene a compensar su falta de control interno.

Una experiencia realizada en 2004 por un sociólogo estadounidense de la universidad Cornell, Robb Willer, parece ratificarlo.[4] Presentó a un centenar de estudiantes de ambos sexos un cuestionario pretendidamente destinado a evaluar su identidad sexual. Independientemente de las respuestas dadas, reveló a continuación a la mitad de ellos que presentaban rasgos claramente femeninos y a la otra mitad que parecían terriblemente masculinos, tras lo cual les interrogó sobre sus opiniones políticas, el matrimonio homosexual, la justificación de la guerra en Irak, sus gustos en materia automovilística, etc. Mientras que las respuestas de las jóvenes no dependían de su falsa asignación de identidad, las de los muchachos se veían fuertemente alteradas por las «informaciones» acreca de su identidad sexual.

Los chicos a quienes se les había dicho que eran afeminados eran más favorables a la guerra de Irak, a condenar el matrimonio homosexual o deseaban comprar un 4 × 4 carísimo…

Esta hipótesis de una «sobrecompensación de los hombres cuando su masculinidad se ve puesta en tela de juicio» parece explicar perfectamente el hecho de que en nuestra época, a pesar de los avances en la igualdad entre los dos sexos, las violencias en la pareja, lejos de haber disminuido, son cada vez mayores: al tener dificultades para adaptarse al cambio de su papel social, algunos hombres reaccionan con comportamientos de hipervirilidad.

La dificultad actual de ser padre

Pero la mayor dificultad de los hombres hoy día concierne a su relación con los hijos. Cuando se produce la desavenencia en la pareja, ellos se librarían de buena gana de su mujer, pero saben que eso conllevaría el riesgo de alejarlos de sus hijos. Es una herida tanto mayor para ellos en la medida en que la custodia de hijos sigue estando en la mayoría de los casos confiada a la madre. Se sienten compañeros efímeros que, para ser padres, tienen ante todo que ser aceptados como tales por su compañera; o bien a veces tienen la idea casi delirante de que las madres pretenden desembarazarse del progenitor y conservar el hijo para ellas.

Tras una separación, algunos padres casi ya no ven a sus hijos, algunos ya no pagan la pensión alimenticia o se las arreglan para reducirla al mínimo. Otros se ven con sus hijos más o menos regularmente, pero sin implicarse en su educación y sin desempeñar un papel de autoridad, delegado en la madre. En estos casos, el hijo educado por la madre no es para ellos más que una prolongación narcisista añadida, y aunque representen poca cosa en el desarrollo de de sus hijos, se jactan en sociedad: «Mis hijos son guapos y brillantes».

Otros padres quieren ocuparse de sus hijos en igualdad con su madre, y hacen mucho. Los medios de comunicación hacen alusión a menudo a la pretendida «ausencia de los padres», pero eso remite más a un desplazamiento del papel del padre hacia el ideal de la madre, a veces hasta llegar a una confusión de las funciones, porque algunos intentan ser repeticiones de la madre, «madres *bis*». Estos hombres que, cuando estaban en pareja, habían dejado con frecuencia que su mujer se ocupara de la organización de la casa y de la educación de los hijos, dirigen entonces hacia sus hijos toda la energía que habían depositado en su pareja. Desplazan la rivalidad con su ex esposa al plano de la paternidad y tienden a ocuparse de sus hijos con pasión y exclusividad. Anticipándose al hecho de que la justicia privilegie normalmente a la madre en lo que concierne a la tutela de los hijos, se muestran dispuestos a todo para descalificar a su ex mujer.

Al darse cuenta de que su vida profesional no lo abarca todo, que les falta un proyecto complementario, algunos de ellos enfocan su atención hacia sus hijos, lo que puede ser también una manera de protegerse ante una nueva relación íntima.

> En su su divorcio, Richard, de 51 años, pidió una custodia alterna para sus dos hijos, de 12 y 14 años, y su mujer se descargó pronto de todas sus obligaciones de madre: llevar a los hijos al ortofonista, comprar ropa y materiales para la escuela, vigilar sus deberes, organizar su tiempo libre, etc. Preocupado y culpabilizado por las dificultades escolares de sus hijos, Richard quiso protegerlos, que no les faltara nada, e intentó ayudarles supervisando sus deberes y organizando un apoyo pedagógico.
>
> Desde hace cinco años tiene una amiga, madre de una niña de 13 años, pero no se ven mucho: con sus obligaciones de padre, le queda poco tiempo para dedicar a su vida privada. Se enfrenta solo a las contingencias materiales. A su amiga le gustaría que reservara más tiempo para ella, pero él tiene que hacer permanentemente malabarismos entre su trabajo y los hijos: «Paso el poco tiempo libre que tengo con ella, pero, de tanto en tanto, me gustaría pasar una noche solo. No sé si quiero vivir con ella o si quiero conservar mi libertad para ocuparme de mis hijos. Vivir con ella significaría alquilar un piso más grande, y por tanto más caro, y no me siento capaz. No tengo nada que reprocharle, pero tengo miedo a comprometerme. ¿Acaso mis sentimientos no son bastante fuertes?».

> También tiene el problema de los hijos: «¿Cómo juntar a hijos que han sido educados diferentemente y que no se entienden muy bien? Tal vez sea posible, pero es complicado y no me siento con fuerzas para hacerlo».

Si muchos hombres reclaman la tutela de los hijos, a veces es con un sincero deseo de ocuparse de ellos, pero a menudo es también para descupabilizarse. En los divorcios, con el propósito de rehabilitar a los padres, los jueces conceden cada vez con más frecuencia la custodia alterna, como si un padre que no tuviera la custodia de sus hijos no pudiera a pesar de todo ocupar una posición simbólica fuerte. Quienes la obtienen descubren la dificultad de ocuparse en la vida diaria de un hijo. También para las mujeres la tutela de los hijos resulta difícil de asumir, pero pertenece culturalmente a la función ancestral que les es atribuida.

Sin embargo, la multiplicación de las familias recompuestas ha cambiado las referencias: asistimos a una indiferenciación de los papeles en las parejas y las diferencias entre las generaciones se anulan; y ya no es extraño ver familias en que el padre se ha casado con una mujer más joven que sus hijos, que procrean al mismo tiempo que sus padres.

También se da el caso de que los hombres sean víctimas directas de la perversidad de las mujeres. Por ejemplo, con el dominio de la fecundidad, los litigios referentes a la procreación cambiaron de blanco. Una mujer que no quiere tener hijos tiene, en principio, los medios para protegerse o incluso para abortar, mientras que los hombres no tienen ese control y a veces se les engaña: una mujer puede hacerles un «hijo a sus espaldas» y reclamarles a continuación una pensión alimenticia para un hijo cuya existencia a veces ignoraban. Los que dudan de su paternidad, no disponen oficialmente de medios legales para determinar el origen de sus hijos cuando la madre se opone a ello. Se entiende la desconfianza cada vez mayor entre los sexos...

Profunda transformación de las relaciones hombre/mujer, crisis de identidad entre los hombres: los tiempos decididamente han cambiado. Sin embargo, cometeríamos un error si nos atuviéramos únicamente a las crispaciones negativas y regresivas que esta mutación provoca en muchos hombres. Porque, al mismo tiempo, sobre todo en las jóvenes generaciones, muchos otros también han cambiado: son más atentos y están más dotados de palabra que sus padres. Han sabido apropiarse de cualidades llamadas femeninas, como el diálogo, la capacidad de escuchar, la ternura, la intuición y la sensibilidad. Si perdieron mucho con la independencia de las mujeres, ganaron asimismo una relación más igualitaria y más estimulante, incluso una mayor holgura material al poder contar con dos salarios. Los más jóvenes se comprometen a fondo con el modelo de la igualdad entre los sexos, compartiendo las tareas domésticas y los cuidados de los hijos, y se adaptan a compañeras que se han vuelto más exigentes. Algunos se feminizan, incluso pueden volverse «metrosexuales»; pero, en este caso, las mujeres —que decididamente nunca se sienten contentas— pueden reprocharles no ser lo bastante viriles.

Pero en este torbellino que trastorna las identidades sexuales y los papeles parentales subsiste una certeza: la pareja heterosexual, fundamento de la «familia nuclear», atraviesa también una profunda crisis. Y esta crisis dibuja nuevas configuraciones entre las viejas categorías del amor y de la soledad...

CAPÍTULO 4

Los cambios de la pareja

El amor la soledad.

PAUL ÉLUARD

En algunos años, el modelo de pareja tradicional ha saltado por los aires, el número de divorcios se disparó y los vínculos amorosos se volvieron más complejos y, sobre todo, mucho más frágiles. En las sociedades civiles occidentales, desde la Edad Media, la norma era la familia nuclear, unida por el vínculo conyugal y consagrada por un matrimonio indisoluble reconocido por la Iglesia o por el Estado. Esta especificidad se fue consolidando progresivamente en los medios burgueses, sobre todo a partir del siglo XVII, para facilitar las trasmisiones de patrimonio. En esta época, la pareja era un arreglo y el motivo de las bodas era el interés. El hombre aportaba al «hogar» la seguridad material, y la mujer hacía compartir al hombre su interés por la cultura y los intercambios sociales. En estas parejas, podía darse el amor, pero no era deseable. En cambio, en las capas populares se mantuvo hasta el siglo XIX una gran libertad sexual.

LA OBLIGACIÓN DEL AMOR, ¿UN CAMINO HACIA LA SOLEDAD?

En el siglo XVIII, se asistió al surgimiento del amor romántico, que se presentaba como un amor «feminizado». Desde entonces, la gente se casa con más frecuencia porque se ama; se pone por delante el amor, y, si es posible, el «gran amor». A partir de la década de 1950, el modelo burgués de matrimonio pasó progresivamente de un contrato que unía a dos familias para asegurar la descendencia y el reparto del patrimonio, sin obligación de vínculo amoroso, a una obligación de intimidad y de amor, y dentro de lo posible de amor pasión y de plena sexualidad.

Pero a partir de la década de 1990 las cosas volvieron a cambiar: ya que existe el amor, ¿por qué casarse? La institución ya no es el matrimonio, sino el amor; los sentimientos se sitúan en adelante en el centro de la relación. El amor se ha convertido en la condición indispensable para la vida en común, o más bien el justificante de una exigencia de vida en común. En estas condiciones, no es extraño que se haya vuelto mucho más difícil que antes tener una vida de pareja exitosa: la exigencia de amor debilita la pareja, porque si la relación se construye sólo sobre sentimientos, es difícil que aguante el paso del tiempo. Se vería obligada a ser permanentemente bella y mágica, cosa que pocas veces sucede. Por eso, si la relación se degrada, se produce a menudo la ruptura.

Si gran parte de nuestros contemporáneos buscan una satisfacción a sus necesidades afectivas en un amor idealizado, es porque además experimentan frecuentemente un desencanto profundo en las relaciones con los otros, y la pareja se les presenta como un refugio frente a los avatares de la vida. Mientras que cada vez se habla más del declive de la familia y el matrimonio, mujeres y hombres siguen buscando el gran amor. Por un lado, se desgarran mutuamente y, por otro, colocan todas sus esperanzas en un amor salvador. Pero a través del amor, a menudo el objetivo es un encuentro con uno mismo, una mejora posible de sí mismo: cada cual intenta completarse por medio de la pareja.

Esta sobrevaloración del amor es las más de las veces una reacción frente a un mundo individualista al que resulta difícil adherirse plenamente. Se puede ver en ello, en cierto modo, un anhelo de autenticidad y de verdad frente a la mentira y el cinismo: es un medio para reanudar el vínculo con una sociedad que nos defrauda. En efecto, los cambios en el mundo del trabajo han destruido a menudo la dimensión comunitaria que se podía experimentar en la propia vida profesional: cuando uno no es más que un peón en el trabajo, un ser anónimo en una sociedad que se ha endurecido, cuando se tiene el sentimiento de no ser tenido en consideración en ninguna parte y no se consigue inventar nuevas formas de sociabilidad al margen de las relaciones de pareja, al menos cabe la esperanza de ser único como mínimo para una sola persona.

Mientras que, en el pasado, uno constituía una pareja con el fin de fundar una familia y transmitir valores a la generación siguiente, muchos esperan actualmente que la vida en pareja ponga remedio a su malestar interno y llene su vacío interior. Ahora bien, es este individualismo el que hace fracasar a las parejas. Porque este amor colocado en el centro de la relación no es la mayoría de las veces más que un amor narcisista: amo a esta persona porque amo la imagen de mí mismo que él o ella me devuelve. Lo que implica que si el otro atraviesa una mala racha (depresión, paro...), ya no va a devolverme una imagen gratificante de mí mismo; y entonces iré a buscar otra persona que pueda darme esa imagen más positiva y me permita seguir sobre un pedestal.

De hecho, a veces es difícil distinguir entre la adoración del ser amado y la adoración de uno mismo. Si el otro es una prolongación narcisista, está obligado a halagar el ego de su pareja. Cuando un individuo se siente inseguro, espera que un amor le proporcione una mayor autoestima, las parejas son igualmente inseguras y uno puede sentirse tan poco seguro en el seno de una relación que fuera de ella. Entonces, después de algunas experiencias dolorosas, uno se ve tentado de protegerse.

La inversión en la pareja equivale ahora, con frecuencia, para cada uno de los miembros, a la búsqueda de una realización personal a través del otro, más que a la construcción de una relación. Y muchos se comportan como si se tratara de una relación amorosa pasajera: aguardan una satisfacción inmediata y permanente, sin intentar resolver de otro modo que por la fuerza o la manipulación las disputas o los conflictos. Se trata de apropiarse de lo positivo del otro, de sus valores y sus conocimientos. De ahí el tipo de quejas que se dan en las separaciones: «¡Tú te has aprovechado de mí, me has utilizado!».

Como el amor tiene que ser absoluto, implica una exigencia de transparencia que es motor de los celos. Por eso puede transformarse en odio si el otro se acaba volviendo un motivo de decepción. Pero cuando las relaciones pasionales se repiten y duran cada vez menos tiempo, acaban por perder su poder reparador de las identidades heridas. La búsqueda de amor se convierte en una adversidad más que lleva a la soledad.

Se diría que la palabra *amor* hubiera perdido su fuerza. Las relaciones se establecen mucha rapidez y la gente dice amar cada vez más pronto: una especie de hipertrofia de los afectos. Contrariamente a la época en que se dejaba que los sentimientos se fueran instalando progresivamente para confesar un día con timidez «Te amo», las palabras preceden ahora a los sentimientos, como si, según el método Coué, la fuerza de las palabras pudieran crear el amor. Hay una exigencia de reflexividad del amor, de coincidencia de los sentimientos.

> Pocas semanas después del comienzo de una relación con un hombre contactado a través de una página de encuentros, Chloé, de 40 años, vio cómo le reprochaban no decir palabras de amor:
>
> —¿Cómo quieres que me entregue si no me dices que me amas?
>
> — Pero es que ¡apenas nos conocemos!
>
> —¡Tu reticencia a decir que me amas demuestra que no estás dispuesta a comprometerte!

Si la ruptura del compromiso puede ser tan rápida es porque ese tipo de amor sólo puede darse en la reciprocidad. Para dar mi amor, tengo que estar seguro del amor del otro, y para eso necesito que me lo demuestre. Se observan y se juzgan mutuamente: ¿cuál de los dos desenfundará primero? En nuestra época, «yo te amo» significa «te amo en este momento». La afirmación ya no es sinónima de una relación firme y de compromiso: «Como me siento bien contigo, lo que siento debe ser amor, pero si tú me decepcionas, no te adecuas a lo que espero, entonces mis sentimientos se desvanecerán». Queremos que una pareja nos satisfaga, o sea, de alguna manera, no «apostar a perdedor». La menor imperfección es irremediable y amenaza con ser fatal para la relación.

Desconfianza y persistencia de los estereotipos

Los jóvenes adultos de la década de 2000 entablan relaciones con el fin de escapar a la soledad, pero a menudo se decepcionan y acaban por encontrarse también solos y abandonados en una relación incierta. Porque las relaciones entre los sexos se han vuelto duras, y cada cual se cree perjudicado por este cambio. La necesidad de calor, de ternura y de intimidad va acompañada de desconfianza.

Esta generación ha visto cómo sus padres se divorciaban, se traicionaban, se herían... Y ha tenido penosas experiencias amorosas que le han demostrado que la confianza podía ser traionada. Ya nada es seguro: del mismo modo que se puede perder el trabajo de la noche a la mañana, las uniones pueden disolverse. Por doquier se encuentra la misma necesidad de reconocimiento. Jóvenes y menos jóvenes se quejan de encontrar en su pareja las mismas dificultades que en el mundo laboral: «No me comprenden, no reconocen lo que hago».

Ahora bien, el amor recíproco y duradero supone compartir y reconocer la mutua interdependencia: para conservar al otro, hay que hacer concesiones, compromisos, incluso adaptaciones, sin que necesariamente deba esperarse una compensación. Freud llegaba a decir que un grado de sujeción era necesario para que una relación dure. Pero este arreglo se lleva a cabo a expensas del compañero más dependiente, es decir, la mayoría de las veces, la mujer. Y como hemos visto, ellas ya no tienen ganas de dejarse someter.

Cuando se crea un vínculo amoroso, éste da poder a uno sobre el otro, lo que cada vez se percibe más como una amenaza, porque cada cual teme tanto más la dependencia cuanto más vulnerable se siente. Efectivamente, al enamorarnos, nos ponemos en una situación de peligro y podemos temer que el sufrimiento sea mayor que el placer. Por eso, ante el riesgo emocional que implica una relación íntima, podemos sentir la tentación de manipular las emociones del otro mientras nos protegemos de cualquier sufrimiento afectivo. La pregunta que se hacen los jóvenes adultos que buscan amor es: ¿cómo crear un vínculo que no sea vivido como una amenaza?

Sin embargo, a pesar de la emancipación de las mujeres, las chicas siguen soñando con encontrar el gran amor y vivir toda la vida con el mismo hombre. Siguen buscando un hombre protector y que proporcione seguridad cuando, para complacer a semejante hombre, tendrían que ser dulces, femeninas, *sexys*, pero no demasiado autónomas. Como dice la escritora Virginie Despentes: «Llevamos la idea de que nuestra independencia es nefasta incrustada hasta en los huesos».[1] Desde las formas de educación hasta los medios de comunicación y la publicidad, muchos factores siguen contribuyendo a este condidionamiento. La prensa femenina, en especial la dedicada a las más jovencitas, sigue a menudo atribuyendo al amor, considerado como aquello que debe llenar la existencia de las mujeres, una importancia determinante.

Se perpetúa así el esquema tradicional: las mujeres siguen buscando hombres «fuertes» y los hombres eligen con más facilidad una mujer «femenina», frágil y con un estatuto social y profesional inferior. Tras el término un tanto vago de feminidad, se suelen ocultar estereotipos que los hombres no se atreven a confesar directamente. Sería una mujer con formas mullidas, que sabe destacar con vestidos discretamente ajustados y que calza zapatos de tacones altos. Pero también sería una mujer débil, que sabe apreciar a su compañero. Frente a tal mujer, pueden conservar su posición de macho dominante, como declara Lucie, de 42 años:

> Dado mi reducido tamaño —soy pequeña y delgada—, los hombres que se acercan a mí representan de entrada el papel de machos protectores. Pero resulta que soy una mujer independiente, empresaria y financieramente autónoma: entonces, bastante rápido, se sienten decepcionados y se vuelven agresivos. El año pasado fui víctima de un gravísimo accidente de carretera, que me privó de autonomía durante varios meses. En ese período, los hombres vinieron a mí, atentos, encantadores, protectores...

En el pasado, la institución del matrimonio daba una garantía de la perennidad del vínculo, pero ahora ninguna unión está asegurada para toda la vida. En Francia, la duración media de las parejas es de diez años, y los divorcios se producen cada vez más pronto. Cuando los riesgos de divorcio son mayores, es al tercer año de matrimonio. Pero si las mujeres jóvenes siguen creyendo a menudo en el mito del gran amor que dura para siempre, las más mayores perdieron sus ilusiones. Sueñan más bien con una camaradería, en una relación de igualdad que excluya las grandes emociones amorosas, pero que les proporcione seguridad afectiva.

En los países desarrollados, por tanto, las décadas de 1990 y 2000 marcan una inflexión histórica en el modelo tradicional de la relación de pareja. Ahora se vive una media de setenta y cinco años, lo que permite, en principio, cerca de cincuenta años de vida en común. Sin embargo, es ilusorio creer que podríamos vivir en una misma pareja durante medio siglo. Nuestras sociedades cambian, nosotros también cambiamos con la edad; y es improbable que podamos vivir estos cambios con la misma persona, ya que cada vez somos más exigentes. Porque nuestros contemporáneos lo quieren todo, la felicidad en todas sus formas: una vida sexual plena, una vida personal intensa, una vida social excitante y una vida profesional satisfactoria.

Una pareja no es una construcción rígida, evoluciona con el tiempo, y muy pocos serán capaces de seguir esta evolución permaneciendo juntos. Algunos lo harán todo para que dure su pareja y están dispuestos a adaptarse y a inventar otras formas de estar juntos. Otros preferirán no salvar una relación a cualquier precio cuando «eso ya no funciona». Pasarán a otra. Entonces se esbozan diferentes modelos de parejas.

La pareja fusional

El primer modelo es el de pareja fusional, en el que los cónyuges hacen todo juntos e intentan disolver la alteridad. Es un modo de relación alienante, pero que proporciona seguridad. Este modelo tradicional era adecuado en general para las generaciones precedentes: a fin de evitar la soledad, cada cual se agarraba al otro y estaba dispuesto a hacer todo tipo de concesiones. En principio, el amor requiere una distancia. Pero, por temor a ser abandonado, uno puede aceptar ser poseído y controlado, o puede ponerse él mismo a controlar y poseer.

> Lionel y Annie se casaron hace veinticuatro años. Desde los primeros momentos de su matrimonio, Lionel se mostró posesivo, hasta el punto de que Annie consideró la posibilidad del divorcio desde el primer año. En casa, él siempre tomó todas las decisiones importantes y administró el dinero doméstico sin consultar la opinión de su mujer. Annie se siente infantilizada, porque su marido siempre encuentra un buen pretexto para acompañarla a todas partes. Por ejemplo, si no la deja conducir por la autopista es porque teme que ella tenga un accidente.
>
> En principio, él es quien decide las vacaciones; en lo único que Annie no quiso ceder fue a propósito del esquí. A ella le gusta, pero no a él. Ella acabó por conseguir que fueran, pero él la acompañaría de todos modos. Mientras ella esquía, él se queda en el hotel esperándola, y a las cinco de la tarde la aguarda al pie de las pistas.

Cuando surge una tensión entre ellos, Lionel clausura el problema con una relación sexual. Si ella se niega, él la presiona, llegando a impedirle dormir hasta que ceda. Todo este control pesa sobre Annie, pero ella no sabe cómo desprenderse de él, porque cada vez que intenta recuperar su autonomía, Lionel la invade con un alarde de ternura y declaraciones de amor.

El peligro de este modo de relación es que uno se sienta devorado y absorbido por el otro, y tenga la sensación de perder su autonomía y su personalidad. En la relación entre dos individuos, siempre hay alguien más fuerte y alguien más débil, uno que intenta dominar y otro que tiende a someterse. Si este amor fusional no es conveniente para uno de los dos, éste luchará para recobrar su individualidad. Pero el amor fusional, a través de sus ritos y sus exigencias, amenaza sobre todo con asfixiar la realización de la mujer.

La ilusión de ser todo para el otro, de estar satisfecho por él, no permite preservar un espacio para encontrarse con uno mismo. En la fusión, ningún vínculo es posible, porque ninguna buena soledad está permitida. Si esta relación es insatisfactoria, uno se encuentra entonces en el aislamiento. En este tipo de relación, uno puede sentirse aislado y, de manera paradójica, a veces es la separación la que viene a poner fin a la soledad impuesta por la pareja:

Françoise, de 60 años, vivió durante veinte en pareja sin convivir, pero era no obstante fusional. Su compañero, quince años mayor que ella, la aislaba y le impedía ver a sus amigos y a su familia. Cuando ella se jubiló y se volvió más disponible, él le anunció que ponía fin a su relación y se instaló con una mujer más joven que ella. «Me separó de mucha gente, porque nunca tenía ganas de ver a nadie y se quejaba cuando me pasaba largo rato al teléfono. Acepté porque lo apreciaba y no quería quedarme sola. Sin embargo, era consciente de que no era fiable, porque no me apoyaba en nada y no se ocultaba para engañarme. Antes de conocerle, hacía vela y equitación; dejé de hacerlo para no dejarlo solo. Había montones de personas que me querían y que acabé perdiendo de vista. Me privé de relacionarme con gente durante veinte años. Ahora puedo invitar a quien quiero, marcharme cuando me da la gana, pero ya no tengo amigos íntimos. Tengo que volver a introducirme en un nuevo círculo relacional y construir una nueva vida. Será necesario que me acostumbre a una soledad diferente.»

Cuando se sale de una relación fusional, en efecto, es muy difícil a continuación afrontar solo el futuro, y puede resultar tentador buscar inmediatamente una nueva relación simbiótica.

La mayoría de los hombres jóvenes en la actualidad han comprendido que las mujeres aspiran a una mayor autonomía y aceptan un modelo de pareja diferente. Pero en la generación del *baby-boom* y la siguiente (los que nacieron en las décadas entre 1945 y 1965), muchos hombres, sin reconocerlo siempre, prefieren el modelo de amor fusional en el que los dos miembros hacen todo de común acuerdo, pasando el máximo tiempo juntos. Si se acomodan mejor al amor fusión que las mujeres, sin duda es porque sacan de él mayor beneficio gracias a una mayor disponibilidad de las mujeres. Les cuesta soportar que una mujer tenga necesidad de un espacio de soledad al margen de ellos, y sobre todo que ella no les diga lo que hace. Tienen la impresión de que la mujer no invierte lo suficiente. De forma general, los hombres de estas generaciones buscan una pareja para facilitarse la vida (temor a encontrarse solo por la noche, dificultades para administrar la casa). Es lo que ha comprobado Laura, de 46 años:

> Todos los hombres que he conocido en una página *web* de encuentros, al cabo de poco tiempo querían ya instalarse en mi casa. Es fácil vivir conmigo, llevo bien mi casa y cocino bien. Era práctico para ellos y, sobre todo, cómodo.

En una pareja tradicional, con frecuencia resulta para el hombre difícil de concebir que la mujer tenga actividades autónomas; o más bien, ella puede tenerlas, pero eso no debe usurpar los derechos de la vida de pareja. De hecho, la independencia de las mujeres las vuelve menos disponibles para los hombres. Tradicionalmente, el hombre estaba muy ocupado en el mundo exterior y la mujer le esperaba en casa para reconfortarlo tras su jornada laboral. Ahora que las mujeres trabajan tanto como los hombres, es raro que la recíproca sea verdadera. Todo lo contrario, algunos hombres se quejan de que su mujer trabaja demasiado.

> Sonia, médica de 43 años, divorciada recientemente de Paul, ejecutivo en la banca, nos explica: «Mi marido nunca ha aguantado bien las exigen-

cias horarias ligadas mi trabajo. Cuando llegaba más tarde que él por la noche, se irritaba y me decía: "¡Nunca te he pedido que trabajaras tanto!". Lo que equivale a decir que la comida nunca estaba preparada...»

Las parejas con autonomía limitada

Las parejas más jóvenes están indudablemente más centradas en la autonomía. Se trata, en este tipo de relación, de no dejarse invadir por las reglas, de no dejarse encerrar: se quiere amor, pero sin las obligaciones de la pareja. Los cónyuges conservan cuentas bancarias separadas, redes amistosas distintas, y a veces toman vacaciones por separado. Este modelo de pareja, que el sociólogo Serge Chaumier llamó «pareja con autonomía limitada»,[2] es el preconizado por muchas mujeres, de cualquier edad, que reclaman libertad e independencia y desean disponer de espacio y tiempo para ellas. Dado que son ellas quienes padecen más en la pareja, no desean ser arrinconadas en un segundo plano. Cuando ganan tanto o más que su compañero, no tienen ganas de hacerse cargo de todo.

Tras su divorcio, Jocelyne, de 46 años, está tentada por dos hombres. El primero, Daniel, es un intelectual justo de dinero, muy ocupado por su trabajo de profesor y su vida asociativa. Con él, habla mucho, él le presenta a sus amigos y la invita a actividades culturales. La sabe estimular sin asfixiarla. Desgraciadamente, la vida común con él es imposible, al menos de momento, porque sus actividades profesionales respectivas los retienen en ciudades diferentes.

Gilles, el segundo, está a la espera. Como tiene una jubilación anticipada, quiere pasar todo su tiempo con ella. Ella sabe que con él su vida sería tranquila, que él se ocuparía de todo. Pero como la quiere toda para él, a ella ya no le quedaría vida social. Cuando le dice que quiere seguir siendo libre, él le contesta que eso no plantea problemas. Sin embargo, cada vez que ella quiere hacer algo sin él, él la «presiona».

Jocelyne no sabe a quién elegir: «Lo más sencillo sería seguir a Gilles. Él se ocuparía de todo, ya no tendría preocupaciones ni problemas de dinero, pero prefiero la vida con Daniel».

La autonomía aumenta desde luego la probabilidad de separación o de divorcio. En este modelo de pareja, persiste en principio una exclusividad sexual y afectiva. Pero si un tercero se inmiscuye en la relación, o si uno de los miembros se va con otro u otra, al que resulte engañado le será difícil tener confianza de nuevo y se inclinará a continuación hacia una pareja fusional, que juzgará más tranquilizadora, o bien elegirá la soledad. La infidelidad no es por lo demás el único escollo posible para este tipo de pareja: en lugar del posible rival, en cierto modo necesario para el equilibrio de la pareja, equilibrio difícil de manejar cuando se tiene una vida profesional sobrecargada, se puede constituir un «tercero virtual» mediante una sublimación en una carga afectiva o una pasión. En este caso, el rival no es otro hombre u otra mujer, sino un deporte, una actividad de recreo o un compromiso militante o asociativo.

LAS PAREJAS QUE NO CONVIVEN

Muy pronto, las feministas de los años posteriores a 1968 se dieron cuenta de que la convivencia conyugal podía plantear problemas. En febrero de 1978, retomando todas las reivindicaciones de las mujeres de varios años antes, la abogada Gisèle Halimi publicó el «programa común de las mujeres», en el que una pequeña frase —que ella acabará por desaprobar— habría de provocar reacciones muy exaltadas, incluso odiosas: «Si la meta a que se apunta es la supresión de la familia patriarcal, quizá sea necesario, para alcanzarla, suprimir la convivencia de la pareja al menos durante una generation».[3]

Evidentemente, esta postulación nunca se convirtió en un programa político, pero es forzoso constatar que se volvió parcialmente realidad en los países ricos. En el extremo opuesto de la intimidad de pareja, fusional e invasora, algunos —y sobre todo algunas— sienten necesidad de una intimidad personal, de un espacio propio. Por eso, frente a la dificultad de vivir juntos el día a día, algunas parejas, jóvenes o en la cincuentena, deciden no convivir. El establecimiento de una pareja tradicional implica en efecto la renuncia a una vida individualizada, y puede preferirse buscar otras combinaciones. La no convivencia se ha convertido así en un modo de vida más frecuente en la década de 2000.

En los primeros momentos de una relación, es ahora casi habitual no vivir juntos mientras no se esté seguro del porvenir de la pareja: se pone a prueba la consistencia de la relación antes de comprometerse. Más tarde, las obligaciones profesionales pueden servir de pretexto para una no-convivencia que no se nombra como tal. Aceptar una misión en el extranjero es, por ejemplo, una manera de salir de la rutina de la pareja y lo conyugal.

Florence y su marido Thierry son los dos consultores. Con 45 años ambos, llevan quince años casados y tienen dos hijos de 10 y 12 años respectivamente. Thierry ha estado en el paro varias veces durante varios años, y los puestos más interesantes que le han propuesto eran misiones en el extranjero. Se volvió así especialista en Asia. Cuando Thierry está en China, Florence se ocupa de todo. Además de su trabajo y de sus dos horas diarias de transporte, se hace cargo del hogar, la escolaridad de los hijos y los asuntos cotidianos: «Siempre he sido la fuerte, pero ahora ya estoy harta. Me siento cansada. Thierry no se da cuenta de todo lo que hago. Cuando regresa, me mete más presión para que hagamos más proyectos. Después de todo, es más simpático cuando está lejos y nos comunicamos por mail o por teléfono». Cuando Thierry regresa, pasan los fines de semana y las vacaciones juntos y se sienten como en los primeros tiempos. A pesar de las dificultades, este modo de vida les conviene a los dos.

No convivir, o hacerlo poco, puede ser también una elección que permita salir de una crisis o una forma de volver a inyectar pasión en una pareja que se desmorona.

Anne y Marc, de 45 años, viven juntos desde hace veinte años. Su pareja siempre ha sido problemática y, en varias ocasiones, consideraron la posibilidad de separarse. Marc reprocha a Anne que esté frecuentemente abatida e irritable, y ella le reprocha que no hable, que la deje cuidar a los hijos sola y, sobre todo, que siempre esté ausente (él trabaja para una empresa internacional y pasa una gran parte de su tiempo en el extranjero). En el fondo, se aman, pero no se soportan en la cotidianidad.

Una vez hicieron una tentativa de separación, esperando que eso les devolviera las ganas de estar juntos: «Había que respirar hondo, porque era invivible». Anne se sentía aliviada al estar sola y tranquila por la noche en su casa, pero echaba en falta a su marido. Marc decía que había ganado en tranquilidad pero que estaba apegado a su mujer. Decidió por tanto reincorporarse al domicilio conyugal.

Algunos años más tarde, ante la persistancia de los problemas de pareja, decidieron, de forma definitiva en esta ocasión, dejar de vivir juntos. Sin embargo, dicen que siguen dependiendo el uno del otro. Marc dice que el hecho de no convivir ya juntos en la vida cotidiana no cambia nada para él, y que quiere seguir casado para proteger a la familia. No tiene ganas de volver a vivir ni con Anne ni con ninguna otra persona. Anne dice que vivir sola va más con su personalidad, que ella necesita sentirse bien por sí misma y no en función de los demás. Según ellos, la pareja tradicional es una imagen social legalizada y tranquilizadora, pero vivir solo es como una burbuja de oxígeno, que permite sentirse más ligeros.

Varias razones pueden explicar la elección de no convivir juntos: puede tratarse de jóvenes que, tras una vida independiente de estudiantes, siguen dudando en comprometerse; eso puede suceder también cuando las personas se conocen tarde, después de una vida independiente a la que no tienen ganas de renunciar. Otras veces, la no-convivencia se explica por la dificultad de hacer vivir juntos a los hijos de parejas anteriores. Este modo de vida concierne sobre todo a las capas ciudadanas medias y superiores, porque son necesarios los medios financieros que permitan pagar dos alquileres y también tiempo para desplazarse de una casa a otra. Katia, de 46 años, en pareja de no-convivencia con Denis, de 58 años, explica así su elección:

Después de mi divorcio, me quedé sola varios años, y la sola idea de volver a emparejarme me resultaba coercitiva. Denis, por su lado, estaba muy ocupado por su trabajo y sus hijos, por eso no vivimos juntos. Prefirió seguir en su casa de las afueras más cercana a su trabajo y adonde sus hijos van a verle de cuando en cuando. Yo quise quedarme en París, así puedo ver a mis amigas, ir al cine, ver escaparates. Habitualmente, viene a mi casa una noche a la semana y me encuentro con él los fines de semana en su casa. En vacaciones, me tomo una semana para mí sola y el resto del tiempo nos vamos juntos.

Estas personas desean ante todo preservar su propia identidad y su independencia, sin dejar de aceptar la vida social de una pareja. Salen de vacaciones juntas, van a los espectáculos, ven juntas a los amigos y educan más o menos a los hijos juntas. Lo que las diferencia de los solteros que tienen a un amigo o una amiga es el hecho de ser reconocidas como pareja por la familia y los amigos.

La elección de una pareja no-conviviente se adapta a la exigencia de amor y de sexualidad de la pareja moderna. De la intimidad, se trata de conservar lo mejor. Ya no hay cargas domésticas que repartir, ni sórdidas discusiones monetarias, ni obligación de verse cuando a uno no le apetece. Los encuentros son únicamente para los buenos momentos. En realidad, se comprueba que las parejas organizan a pesar de todo un empleo del tiempo, un poco a imagen de los hijos en tutela alterna en casa de uno u otro de los padres.

Elegir no vivir juntos, se trata, para las mujeres, de evitar lo conyugal con todas las obligaciones que eso implica, lo que resulta muy evidente en la familias recompuestas. Y para los hombres, se trata a veces de conservar un espacio para concederse la eventualidad de una aventura, o incluso, como dicen a veces, «darse una oportunidad para encontrar algo mejor».

> Laurence, de 45 años, forma pareja con Paul desde hace quince años. Tienen un hijo de 13 años. Ella trabaja en una profesión liberal en París, mientras que él es un funcionario en una ciudad de provincias a 200 km de allí. Sólo viven juntos cuando Laurence va reunirse con Paul los fines de semana y durante las vacaciones. Su hijo convive con ella entre semana y se va con su padre durante las vacaciones.
>
> «No encontré al hombre que me convenía, por tanto es preferible esto a nada en absoluto. Con este sistema, dispongo de una cierta libertad. Hago lo que quiero, puedo ir a ver algún espectáculo, ver una exposición, invitar a los amigos. Alrededor de mí, los hombres son caseros; son las mujeres quienes tratan de establecer vínculos sociales.»

Se da el caso de que este arreglo no sea el producto de una decisión conjunta. Cuando uno está más ocupado profesionalmente, o cuando no es libre, el otro debe adaptarse y queda así «a disposición», a la espera de lo que buenamente quiera el cónyuge. Se comprueba que las mujeres se acomodan mejor a esta situación que los hombres, aunque algunas no dejen de quejarse. Con el paro y las jubilaciones anticipadas, cada vez más a menudo uno suele acudir a la casa de campo mientras que el otro permanece en la ciudad para trabajar. El fenómeno de parejas que tienen apartamentos separados aumenta con la edad, sobre todo entre los hombres.

Otros modelos de pareja y parejas de contrato temporal

Al lado de estos nuevos tipos de parejas, existen otras combinaciones, como las parejas *de tres*, o «triangulares», que permiten conciliar la bisexualidad con la pareja, o bien, las parejas «abiertas» que pratican una libertad sexual completa y en las que la fidelidad se sitúa en la duración.

Compartir momentos privilegiados con un hombre o una mujer no obliga a vivir con ellos en el seno de una pareja tradicional. Podemos verlo en detalle. Esto es lo que dice Fred, de 34 años, homosexual separado de Jérôme desde hace dos años. Tiene una relación con Bastien, que vive a 300 km de París y que ya dura seis meses. Sólo se ven muy puntualmente:

> Hasta hacer la experiencia de la soledad, me veía mejor en pareja, pero ahora mi cotidianidad es lo único que me importa. La distancia geográfica es práctica: permite que sólo nos veamos para aprovechar juntos los buenos momentos. Cuando Bastien me presentó a su familia, temí ser invadido, porque si me había costado mucho trabajo distanciarme de mi madre, ¡no era para encontrar una madrastra!

Desde luego, la exigencia excesiva conduce al fracaso y, cuando no se encuentra el gran amor, uno puede contentarse con un arreglo de pareja, como Louise, de 59 años, en el paro y en trámites de divorcio:

> A los 20 años, quería encontrar al príncipe azul, es decir, alguien con quien tenía que producirse algo fuerte. Conocí a hombres con quienes tuve relaciones más o menos prolongadas, pero no deseaban necesariamente tener un hijo. A los 40 años, me dije que, ya que eso del príncipe azul no funcionaba, tenía que ser razonable y aceptar al que estuviera por mí.

Así, muchos de nuestros contemporáneos, con sus debilidades y sus infortunios físicos, negocian su pasado con alguien, acomodan sus carencias a las carencias del otro, de la misma manera que gestionan su cuenta corriente; en el mejor de los casos, acceden al estadio de la ternura. Hay también parejas «en apariencia», que ni siquiera saben mantener las apariencias:

> Tras una grave crisis de pareja que habría debido desembocar en un divorcio, Virginie, de 41 años, y su marido, Éric, se dieron cuenta de que carecían de medios para separarse manteniendo unas condiciones materiales adecuadas para sus tres hijos. Pensaron entonces otro ajuste de pareja: Virginie, maestra, alquiló un estudio cerca de su domicilio y vive aparte, pero sigue a pesar de todo yendo a buscar a sus hijos a la salida de la escuela para llevarlos a la casa común; se queda con ellos para supervisar sus deberes, los ayuda a cenar y se va cuando llega Éric. En ocasiones, es ella la que va a vivir en la casa. Cuando uno de los dos se ausenta durante una o varias noches, el otro se queda en casa con los hijos.

Otro de los cambios mayores que afectan a las nuevas parejas tienen que ver con la duración. Tal como hemos visto, el divorcio se ha trivializado y se produce más pronto que anteriormente, hasta el punto de que una revista femenina puede tratar en la misma crónica ambos extremos: «Se casaron, se separaron». La gente se ama, pero con puntos suspensivos, y si el otro no satisface, la desafección es rápida. Podría decirse que los encuentros cada vez se efectúan más según el modelo del contrato temporal: nos comprometemos, pero por un tiempo limitado; y si el otro cumple, se renueva el contrato.

Cuando ya no se ama o no se ama suficientemente, la gente prefiere separarse antes que intentar reparar una pareja mediocre. Y cuando uno de los dos ya no respeta el contrato, por ejemplo si tiene una aventura seria, la pareja se deshace. Cualquier crisis o conflicto se afronta con comportamientos de ruptura. En caso de problemas, la respuesta está dada: «Te dejo y me voy con otro u otra». Estas parejas son revocables a cada instante, hasta el punto de que, a veces, se utiliza al compañero como un objeto que se desecha cuando ya no corresponde a las expectativas o resulta defectuoso.

Por detrás de una solicitud de compromiso se sobreentiende, a menudo, un amor de contrato temporal: te tomo a prueba, pero como hay disponibles muchos otros u otras igualmente prometedores, si tú no das la talla, se iniciará otra búsqueda. El sociólogo Zygmunt Bauman analiza así esta actitud: «La disminución de las capacidades de sociabilidad se ha acentuado y acelerado mediante la tendencia, inspirada por el modo de vida consumista dominante, a tratar a los otros seres humanos como objetos de consumo y a juzgarlos como se juzga a tales objetos, por el monto de placer que pueden ofrecer y en términos de "lo que se obtiene por ese precio"».[4]

Ambos sexos abordan de un modo diferente las dificultades de la pareja. Los hombres tienden a dejar que la situación se degrade, se despreocupan por el hogar, inician una relación cada vez más intrusiva y se muestran críticos y desagradables con su mujer, hasta que ésta exige el divorcio.

Gracias a eso podrán ejercer el papel de víctimas de una esposa que les ha «echado» del hogar. Mientras que las mujeres, por su parte, acudirán rápido y en secreto a ver un abogado con su lista de agravios, para solicitar un divorcio en perjuicio del marido. En estos casos, no hay enfrentamiento directo ni discusión, sino al contrario un rechazo de cualquier tipo de comunicación.

En esta forma de compromiso, hay que saber que el otro amenaza en cualquier momento con prescindir de ti porque no respondes a sus expectativas, porque se te ha vaciado de todas tus potencialidades o porque, sencillamente, existe algo mejor en otro lado. Así que es necesario comprometerse sin volverse dependiente, posición difícil de mantener...

UNA POLIGAMIA SUCESIVA

La vida en pareja, al igual que la vida profesional, se ha vuelto cada vez más secuencial. Una vida adulta está formada por períodos que alternan una vida de pareja sin convivencia y sin hijos, luego una vida de pareja con hijos, seguida por una separación y soltería, nuevas uniones, luego eventualmente una familia recompuesta, luego otra soltería, quizás incluso otra nueva familia recompuesta, etc. En caso de separación, los hombres encuentran una nueva compañera poco tiempo después, y por otra parte la mayoría comienzan a buscarla antes incluso de la separación efectiva. Las mujeres, al contrario, necesitan un tiempo de habituación antes de ponerse a buscar.

En nuestros días, los individuos tienen así relaciones sucesivas, con la esperanza de que alguna de ellas acabe constituyendo el gran amor, ese que podrá mantener su intensidad en la duración. Pero, con el tiempo, se comprueba que las uniones se encadenan cada vez con mayor rapidez, hasta que, cansado de cambios, uno decide quedarse solo, o soportar una unión imperfecta. Esta alternancia se acepta relativamente bien mientras la persona tenga la sensación de que es ella quien elige, pero llega un momento en que las posibilidades de encuentro se restringen y la situación está decidida. Las mujeres de más de 55 años saben que incluso conectándose en páginas de encuentros muy activas no les será fácil encontrar un compañero y, además, los hábitos de vida harán que cuanto más tiempo pase, más difícil les resultará adaptarse.

Por influencia de las mujeres que persisten en reclamar más fidelidad que los hombres, la monogamia se mantiene, pero con ajustes. Algunos hombres tienden a aferrarse a la comodidad de la vida de pareja, y, si no están satisfechos de la relación con su compañera, buscan compensaciones en otra parte, invocando el pretexto de la nueva libertad sexual para realizar una doble vida. Su justificación consiste entonces en decir que no quieren abandonar mujer e hijos, que no desean «romper» una familia. Es lo que vive Anne, de 43 años, agregada de prensa y casada con Fred, periodista:

> Estoy pensando en dejar a mi marido, porque me engaña. Al comienzo, no quería darme cuenta, luego fue ya imposible no verlo. Hablamos de ello. Me prometió que dejaría sus diferentes aventuras. Pero no lo hizo. Me dijo que no tenía importancia porque se quedaba conmigo. Sin embargo, poco a poco nuestra relación se desmorona. Como no puedo callarme cuando descubro las llamadas telefónicas o los SMS de otras mujeres, eso es motivo de discusiones y, al final, creo que mis sentimientos cuentan poco para él. No se preocupa por lo que yo pueda pensar, y está tan pendien-

te de las otras mujeres como de mí. Mi ventaja sobre ellas es que sigo en mi sitio, cuido de la casa y los hijos, pero ¿qué diferencia habría si estuviéramos separados?

En nombre de la tolerancia y la nueva pareja, a veces se hace convivir a las legítimas, las ex y las amantes. Y encontramos, en algunas familias occidentales, el modelo de la antigua China con la primera esposa que es con quien se deja ver en las reuniones oficiales, luego la primera concubina, y la segunda, sin contar las mujeres de paso. Las mujeres aceptan por amor, por debilidad o, a veces, por interés. Los medios de comunicación describen a estas familias como el nuevo modelo de familia, la «tribu»: se elogia a estos hombres que se van de vacaciones con mujer e hijos, su ex y el ex de su mujer y los hijos de las diferentes parejas. Sin embargo, la realidad es mucho menos simple y, en privado, hay quienes la sufren pero no se atreven a decirlo a riesgo de ser tenido por intolerante o de mentalidad estrecha.

Xavier, de 58 años, acaba de dejar a su esposa Yolande por una mujer mucho más joven, que era su amante desde hacía algún tiempo. Propuso a Yolande mantener la casa de campo en común «para establecer un lazo con los hijos». Ante su negativa de encontrarse con la nueva compañera de su ex marido, él impuso alternar el uso de la casa un fin de semana cada dos, como con los hijos. En cuanto a la nueva mujer de Xavier, mantiene vínculos muy fuertes con su ex, que se ha vuelto a casar con una de sus amigas.

Como puede observarse, cada vez es más difícil crear una pareja. Al no ser una garantía el estado de enamoramiento, puede parecer más sencillo quedarse solo. Se puede elegir una soltería definitiva sin dejar de tener una rica vida amorosa. Sin duda alguna, es una forma de evitar la fusión y de preservar la propia independencia. Y de protegerse contra las relaciones hombre/mujer que se han vuelto, como veremos, cada vez más duras.

CAPÍTULO 5

Relaciones cada vez más duras

La exigencia de perfección ha endurecido cada vez más las relaciones entre los sexos. Las mujeres reprochan a los hombres su falta de disponibilidad para las tareas domésticas y su falta de atención. Los hombres reprochan a las mujeres sus exigencias: «¡No me consiente nada!». Ése es sin duda el punto de vista del «socio» de Nadia, de 39 años, con tres hijos, que vive en pareja con Richard, de 50 años:

> Cuando mi socio deja sistemáticamente su taza en el fregadero en lugar de meterla directamente en el lavavajillas, se lo digo una y otra vez, hasta que renuncio y la coloco yo misma, pero me gustaría tener mis compensaciones. ¿Cuáles podrían ser? No dinero, ya que gano más que él. Tiene la impresión de satifacerme proponiéndome sexo. Eso me agrada, me gusta, pero su ritmo no es el mío. Él lo haría gustosamente cada día, sobre todo cuando nos hemos sentido mal durante el día, en cierto modo para compensar. Yo, si él no ha sido amable durante el día, no tengo ganas. Él no lo entiende. Entonces, poco a poco, me siento resentida y a veces pienso en dejarle.

Reproches mutuos

Los medios de comunicación y la publicidad de las páginas de encuentros nos hacen creer que podemos encontrar la pareja ideal, y eso hace que queramos controlar el amor, que queramos saber de antemano adónde nos va a llevar. Nos comportamos como consumidores exigentes, queremos lo mejor al menor coste: esperamos recibir mucho dando lo menos posible. La dificultad que se debe superar en un encuentro consiste en ajustar las expectativas de uno con las de otro. Algunos pueden anteponer su autonomía, y sin embargo, a partir del momento en que se ha creado una relación, aferrarse a ella y asfixiar a su pareja. Otros hablarán pronto de compromiso, pero se darán a la fuga cuando vean que el enamorado se aproxima demasiado. Queremos que el otro corresponda precisamente a nuestras expectativas y, si eso no sucede, la solución menos molesta consiste en romper y pasar a otra relación. De ahí que, a menudo, se den relaciones más duras y rupturas brutales, como manifiesta por ejemplo Justine, de 34 años:

> Durante mucho tiempo creí en el gran amor, pero cada vez que conocía a alguien, después de algunas semanas o algunos meses, había algo que fallaba. Daba un aviso, y si nada mejoraba, interrumpía la relación por SMS o por mail.

Desde luego, todo el mundo dice buscar el amor, pero ya nadie se hace ilusiones y todo el mundo sabe que la pasión que preside el establecimiento de una pareja es efímera. El deseo, antes de enfrentarse a la prueba de la realidad, debe ser reformulado para aceptar la diferencia del otro. Ante la dificultad de construir una relación, hay quien recurre a «coachs», consejeros, a fin «optimizar» su búsqueda. Buscan las ventajas de una relación sin padecer sus sinsabores. Temen sobre todo el compromiso y las obligaciones que comporta. Y los más jóvenes prefieren relaciones virtuales, en las que uno puede comprometerse fácilmente y de las que se puede salir con la misma facilidad. Más adelante volveré en detalle sobre el «fenómeno» de las páginas de encuentros en Internet (véase el capítulo 9).

La infidelidad, siempre difícil de vivir

Sin embargo, a pesar de la liberación sexual y la incitación a experimentarlo todo en el plano sexual, la fidelidad sigue siendo un valor fuerte, y los engaños se viven en general como traiciones. Este apego a la fidelidad corresponde a una aspiración a un amor intenso, exclusivo. Las mujeres, en particular, no perdonan la mentira. En las nuevas parejas, se aspira a una relación pura, idealizada, con transparencia y exigencia de respeto mutuo. Pero, con frecuencia, la fidelidad sólo dura mientras dura la pasión. En realidad, se trata menos de respeto hacia el otro que de un acuerdo amoroso: por tanto se puede revocar sin escrúpulos cuando ya no se ama. Cuando el amor se desvanece, la fidelidad ya no se mantiene, al precio de falsos pretextos y frecuentes mentiras en los hombres, como le tocó vivir, por ejemplo, a Annabelle, de 50 años:

> Después de estimulantes conversaciones con un hombre por Internet, tuvimos ganas de conocernos. Me di cuenta de que era poco asequible durante los fines de semana, pero lo había justificado con su dedicación a actividades deportivas y me había asegurado que era un hombre libre. Durante nuestro encuentro, como volví sobre el tema, me dijo con un aire de connivencia que yo había comprendido evidentemente bien que tenía una pareja. Cuando yo intentaba decirle que no me habría desplazado si hubiera sabido que él no era libre, me contestó que eso no era un problema, que él se consideraba libre porque no amaba a su compañera.

Algunos hombres mantienen una relación en la reserva, a la que se puede acudir cuando el ser amado se ausenta, una relación simple, disponible, sin exigencias de futuro y sin compromiso. O huyen y se inscriben en una página de encuentros cuando la pareja experimenta una fluctuación.

> Boris, de 51 años, es un hombre inseguro y psicológicamente frágil. Soñó con un destino grandioso, pero su éxito no está a la altura de sus ambiciones. Con las mujeres, siempre fue seductor, lo que condujo al fracaso de su primera pareja. Recientemente ha vuelto a casarse con una mujer socialmente gratificante, pero le cuesta soportar las exigencias de la pareja y no puede reprimir el intento de deslumbrar a chicas muy jóvenes. A cada crisis de la pareja, se inscribe en una página de encuentros porque, en caso de ruptura, teme encontrarse solo.

Mientras que el adulterio ya no se considera como una falta en la nueva legislación del divorcio, la mayoría de las veces sigue provocando muchos trastornos: se padece tanto más si la inversión en ese amor ha sido total. Algunas mujeres dicen que ellas vivieron esta situación como un rechazo violento de sí mismas y que afectó gravemente a su sexualidad. Cuando la otra relación está fundada en un verdadero amor, la solución menos dolorosa para el cónyuge debería ser la ruptura del vínculo conyugal, pero a menudo se prosigue la relación de forma (más o menos) oculta con el pretexto de proteger a los hijos, aun cuando en la práctica lo que se trata de salvar son las ventajas materiales de la pareja.

Julien, de 40 años, empleado de banca, anunció a su mujer Françoise que estaba enamorado de una colega de la oficina, pero que fue rechazado y por eso se encuentra mal. Luego, se muestra agresivo con Françoise. Como no quiere dejar a esa otra mujer, se aísla para telefonearle o enviarle SMS, y se ausenta a menudo. Françoise dice que no sólo debe llevar adelante la vida cotidiana con los hijos, sino también consolar a su marido cuando está en casa. Él le dice que quiere seguir a su lado porque la admira:

— No quiero dejarte, pero no logro amarte.

— Que no me ames es una cosa, pero ¡no quiero encima pagar por ello!

— En este momento, no puedo ser amable contigo, porque pienso en ella.

Françoise dice que ella se debe a su pareja, pero que está harta de asumirlo todo: «Mi fuerza juega en mi propia desventaja, porque hace que mi marido se entregue a su debilidad».

El hombre (o la mujer) infiel se da pocas veces cuenta de hasta qué punto puede herir al otro al traicionar su compromiso. ¿Es acaso precisamente para evitar este riesgo que algunos se niegan a comprometerse? En todo caso, las parejas modernas conocen con frecuencia el adulterio acomodaticio, tolerado por el cónyuge abandonado: «No tiene importancia, él/ella lo acepta...». Sin embargo, esta situación dista mucho de ser anodina, porque provoca a menudo mucho sufrimiento oculto y rencor. Es el caso de Brigitte, de 43 años:

> Mi marido tiene otra mujer en su vida, pero para él no pasa nada: «Tranquilízate, ¡ella no es inteligente!». Durante este tiempo, yo me echo a las espaldas los hijos, los profesores, el ortodoncista, los papeles de la casa y su organización, y, para colmo, él es odioso. Que alguien engañe a su mujer, vale, pero que lo haga con discreción... ¿Y por qué además ponerla por los suelos?

Otra dificultad con la que chocan los miembros de una pareja actualmente se debe al hecho de que tanto a hombres como a mujeres les gustaría idealmente encontrar una pareja más joven. Aun cuando es menos raro que antes que las mujeres formen una pareja con hombres más jóvenes que ellas, sigue siendo una excepción, y son sobre todo los hombres quienes, superados los 45 años, buscan compañeras más jóvenes que ellos. Para volver a formar una pareja, los hombres maduros buscan mayoritariamente mujeres más jóvenes, lo que explica que la soledad sea más frecuente entre las mujeres de más de 50 años. Sin embargo, la exigencia de juventud y de belleza de nuestra época lleva a algunos hombres a renunciar, persuadidos como están de ya no poder gustar. Así Christian, de 62 años, en paro desde hace cuatro años, divorciado una vez y luego separado de otra mujer desde hace dos años:

> ¿Me ha pasado el tiempo de amar? Hay mujeres con quienes ya nunca me atrevería. No puedo hacer proposiciones a alguien cuya estima nunca obtendré, sería un pésimo regalo. No me atrevería a ofrecer el guiñapo de mi cuerpo...

Afrontar la separación

Para comprender mejor la fragilidad de las parejas actuales, tenemos que volver sobre las condiciones de su separación. Tal como vimos, ésta se produce mayoritariamente a petición de las mujeres, que deciden partir cuando ya no pueden aguantar una relación de pareja frustrante o dolorosa. Al dejarla, necesitan un tiempo de soledad para recuperarse: es para ellas una forma de reapropiarse de su historia. Para la que todavía tiene hijos menores a su cargo, aun cuando una custodia alterna le concedería más libertad para iniciar una nueva vida, conseguir su tutela representa a menudo un objetivo más importante que la búsqueda de un nuevo compañero: sienten que, al ser ella sobre todo quien se ocupaba de los hijos en el seno de la pareja, sería injusto que no se quedaran con ella.

Cuando son ellos quienes tienen la iniciativa de la separación, los hombres se van pocas veces solos: la mayoría de las veces lo hacen empujados por una amante que exige una regularización de la situación. Para no renunciar a una felicidad que pasa, les importa menos alejarse de sus hijos que vivir con otra persona (aunque no hay que ignorar algunas situaciones, menos frecuentes, en que una madre posesiva y neurótica empuja a su cónyuge a la separación para adueñarse de los hijos). La excusa es entonces: «¡Me enamoré!», un sentimiento contra el que no se podría luchar. Para muchos hombres, sacrificar un matrimonio, una familia y una relación de paternidad por el amor de una nueva conquista se ha vuelto así un objetivo legítimo, ya que esperan conseguir de esta forma una exaltación de sí mismos.

Cuando un hombre se separa de la madre de sus hijos, se ha vuelto trivial que presente su nueva compañera a sus hijos, diciéndoles que por fin ha encontrado el amor de su vida, incluso antes de habérselo anunciado a la mujer de la que todavía no se ha separado. Ésta conoce entonces su infortunio por boca de sus hijos. En esta forma de actuar, no hay el menor respeto por su antigua mujer, «desechable y desechada», como tampoco por los hijos que se encuentran en primer plano para contemplar el desasosiego de su madre. La decisión de preferir a otra persona es más mutilante que un duelo, porque es un juicio que se quita de encima voluntariamente al otro.

La socióloga Irène Théry ha mostrado que los relatos de los divorcios no son iguales según los sexos.[1] Para las mujeres, el divorcio es en general una decisión largamente madurada, porque el sufrimiento duró bastante, ya fuera causado por la violencia, el adulterio o la indiferencia afectiva. Para los hombres, el divorcio se produce a menudo como un drama: según ellos, todo iba bien, lo habían puesto todo en la pareja, habían construido una historia común hasta el día fatal en que fueron «expulsados» por su esposa. Philippe, de 54 años, funcionario, nos relata así la partida de su mujer:

> No lo entiendo, se ha vuelto loca. Lo ha estropeado todo. Sin embargo, no le faltaba nada: sólo trabajaba a media jornada, no la importunaba con problemas de dinero, los hijos ya estaban casi educados y, de pronto, comienza una psicoterapia y quiere ser autónoma. No es posible. Imagino que debió de tener una relación con su psicoterapeuta. Desde luego, pienso presentar una denuncia en el Colegio Oficial de médicos. ¡No hay derecho a pervertir a una mujer como ella! Además, quiere quedarse con la mitad de la casa y una prestación compensatoria, pero ¡fui yo quien pagó la casa con el dinero que gané!

Tras una separación, el sufrimiento viene primero ligado a la ausencia del otro. Pasada la fase de shock, aparece a menudo la felicidad de volver a apropiarse del propio espacio, de dormir atravesado en la cama, de comer lo que a uno le apetece y cuando le apetece. Algunas personas caen entonces en el exceso y se aturden en una multiplicidad de encuentros para huir de su soledad. Sin embargo, tras una separación, es importante reconstruirse solo, sin una pareja que sirva de muleta. Porque entonces el peligro consiste en reparar el malestar interior introduciendo a cualquiera inmediatamente en la propia vida. A la inversa, otros se hunden en la depresión y se repliegan sobre sí mismos, lo que no es raro en el caso de la separación definitiva que impone la muerte del otro:

> Tras el fallecimiento de su marido, Lydie vive sola desde hace siete años, criando sola a sus tres hijos en la primera infancia. Desbordada entre su trabajo y la educación de los hijos, ha renunciado a cualquier tipo de vida personal y de actividad sexual. Poco a poco, ha dejado de invitar a gente a su casa, porque considera que induce a creer que provoca reciprocidad para «entrometerse» en la vida de las parejas. Cada vez tiene menos ganas de hacer esfuerzos de socialización, prefiere quedarse en la cama con un buen libro. Sólo lee novelas que le permiten entrar en un universo distinto al suyo. Es consciente de que, cuanto menos se socialice, más va a perder el hábito de hacerlo. Cuando la invitan, cada vez se resiste más al acercarse el momento. A veces, encuentra un pretexto para faltar a un compromiso; otras va a pesar de todo, pero sabe por anticipado que se va a aburrir.

La dureza de las rupturas

Otra paradoja es que, en un momento en que las parejas son cada vez más efímeras, las rupturas se vuelven cada vez más duras. A partir del momento en que surge una disputa, las palabras se vuelven cada vez más violentas, e incluso crueles, y con mucha rapidez uno de los miembros de la pareja acaba hablando de separación. Cuando se ha tomado la decisión, el otro deja de existir como persona. A partir de entonces, lo trata sin miramientos: se sirve de sus menores debilidades y lo ataca en su fragilidad. Como la vida de pareja permite un conocimiento íntimo del compañero, es fácil apuntar al flanco que más daño cause, mediante el humor, la ironía o sirviéndose de una confidencia revelada en un momento de intimidad. Muy pocos son capaces de reconocer su parte de responsabilidad en el fracaso de la pareja, y la mayoría prefiere acusar al otro.

Uno intenta convencerse a sí mismo, así como a su entorno y, llegado el caso, al juez de familia, de que el otro está «perturbado». Ahora que la noción se ha vuelto manida, se le acusa de ser un «perverso narcisista», y se intenta demostrar que está loco para librarse de responsabilidad. Todos los golpes están permidos para conseguir un divorcio al menor coste. No se trata de ninguna manera de una negociación entre dos personas razonables, sino más bien de aplastar al antiguo compañero que se ha convertido en un rival, para «triunfar». En esta guerra de psiquismos, quien gana con más frecuencia es el más perverso. Ahora bien, los individuos narcisistas no son capaces de autocuestionarse, de reconocer al otro como un ser humano al que se ha amado y deseado. Para ellos, si la pareja no ha funcionado, necesariamente es por culpa del otro. Entonces, no se duda en instrumentalizar a los hijos para descalificarlo mejor.

A partir del momento en que ya no se desea nada del otro, puede resultar tentador el aplastarlo y destruirlo psicológicamente. Si el otro resiste, uno puede entonces ponerse en el papel de víctima y justificar así su partida: «¡La/lo dejé porque era una arpía/porque era un tirano!».

Caroline, brillante universitaria de 45 años, conoció a Stéphane cuando eran estudiantes. Desde el comienzo, él se mostró tiránico e incluso violento en muchas ocasiones. Porque no soportaba que ella trabajara, Caroline renunció a una prometedora carrera para ocuparse de sus tres hijos. Después de veinte años de matrimonio, él le anunció la víspera de las vacaciones que se marchaba con otra y le hizo entonces, en un tono violento, una larga serie de reproches. Inmediatamente después, se instaló con su nueva compañera y comenzó una especie de negociación comercial para imponer sus condiciones materiales. De la noche a la mañana dejó de pasar dinero para los hijos y, sin avisarla, canceló todos los seguros. Continuamente la descalifica ante los hijos.

Haciendo poco caso del acuerdo firmado ante el juez, presiona a través de los hijos para recibirlos cuando le conviene y, a pesar de su reticencia, se los lleva de vacaciones a los lugares donde iba siempre con la madre. Con toda claridad, intenta apropiarse de todo, incluidos los recuerdos. Pero Caroline, al pretender ser irreprochable, se defiende mal y se coloca en una posición sacrificial, lo que refuerza la agresividad de Stéphane.

Hay quien (hombre o mujer) reclama la custodia de los hijos, a pesar de que no los quiere, simplemente para herir al otro o para obtener una pensión alimenticia. Algunas mujeres hacen todo lo posible para limitar el derecho de visita del padre, llegando a veces a trasladarse a otra ciudad u otro país, o incluso no dudando en esgrimir falsas acusaciones de abuso sexual cometido sobre el hijo. Hombres y mujeres no dejan de hablar mal del antiguo compañero olvidando que se trata del padre o la madre de sus hijos. Para las mujeres que carecen de autonomía, una separación puede ser vivida como una afrenta de la que pueden querer vengarse. Para los hombres que lo han puesto todo en una pareja fusional, la separación es un fracaso todavía mayor.

Podría pensarse que, después de un tiempo, al haberse instalado cada uno en una nueva vida, las cosas volverán a la normalidad. Dista mucho de ser siempre el caso. Como si fuera necesario enmascarar el patinazo inicial con un odio eterno. La exigencia de nuestra sociedad de que los individuos sean perfectos engendra la paranoia, o como mínimo un funcionamiento paranoico: «Soy irreprochable, no soy responsable de nada. ¡Todo es culpa del otro!». Vemos aparecer así un mundo de hombres y de mujeres separados. Pertenecen a clanes rivales y se observan. Las mujeres miran a los hombres con condescendencia: «¡Qué se puede esperar de ellos!». Y los hombres dicen a menudo de las mujeres que se han vuelto rígidas y que ya no saben establecer compromisos. Este tipo de generalidades es el síntoma de una profunda mutación social. Porque la reivindicación de autonomía de las mujeres, el desasosiego de los hombres y el endurecimiento de las relaciones de pareja, fuentes de las «nuevas soledades», si bien se manifiestan siempre en el nivel individual, desde luego con las «excepciones que confirman la regla», son el fruto de transformaciones de mayor calado en las representaciones y lo concreto de la vida social. En los países del Norte desarrollado —y cada vez más en el Sur—, la era del patriarcado, que legitimaba la pretendida inferioridad de la mujer con respecto al hombre se ha vuelto ahora anticuada, aun cuando, como hemos visto, esta realidad cuesta ser asumida en la cotidianidad. Iniciada en la década de 1970 en Estados Unidos y en Europa, es lógico que esta «revolución antropológica» sólo pueda ser asumida verdaderamente tras (al menos) dos generaciones.

Pero lo que complica esta evolución es otra transformación, casi igualmente decisiva, que sólo he mencionado aquí de forma incidental: la consolidación, desde la década de 1980, de una nueva ideología dominante en los países ricos, que celebra el mito del individuo y la pretendida eficacia de la competición de cada uno contra todos. Combinada con el fin del patriarcado y la emergencia de una «sociedad virtual» creada por Internet, esta otra mutación contribuye a fabricar un extraño y nuevo marco de vida para nuestros contemporáneos, jóvenes y viejos. De ahí que se dé, en el trabajo, un endurecimiento de las relaciones interindividuales y el desarrollo de nuevas patologías, como el acoso moral. Pero también, en las relaciones amorosas, amistosas y familiares, nuevos modos de vida más serenos, en que la soledad asumida puede encontrar un lugar. En los capítulos que siguen, intentaré arrojar luz, mediante el testimonio de mis pacientes, sobre esta realidad contradictoria.

SEGUNDA PARTE

Solo en un mundo competitivo

CAPÍTULO 6

Cuando el trabajo fabrica soledad

A fuerza de hacer el vacío, se acaba por desaparecer.

PIERRE, de 58 años

Como la vida en pareja es insegura, puede resultar tentador tratar de definirse a través del trabajo. Es el testimonio de Hélène, de 46 años, ayudante de dirección, educada por una madre soltera:

> Al ser soltera, invertí mucho en mi trabajo. Cuando se carece de marido, de hijos, de familia, el trabajo te proporciona una pertenencia social. A veces tengo la idea un poco loca de que si me sucediera algo, siempre habría al menos un empleador que se preocupara por mí. A través de mi trabajo, existo verdaderamente. Para mí, la prioridad es la seguridad económica ligada al trabajo, porque ningún hombre da seguridad.

Desgraciadamente, la nueva organización del trabajo produce todavía más soledad. Aun cuando no sea cierto en todas las empresas, la tendencia general es la fragmentación de los colectivos de trabajo, y los espacios libres que existían antes —pausas entre dos actividades, conversaciones alrededor de la máquina de café— se restringen ahora al máximo. Desde el paso a las 35 horas, los tiempos muertos, considerados como tiempo perdido, fueron suprimidos en las planificaciones de trabajo. Todo está concentrado, se llena cualquier vacío. Mientras que antes las solicitudes de informaciones entre oficinas constituían una ocasion para la conversación, ahora la gente se dirige mails sibilinos, con frases impersonales o conminatorias. Esto deseca considerablemente el elemento humano y, aunque el trabajo en *open space* produce la impresión de que se trabaja conjuntamente, en él uno puede sentirse solo.

INTENSIFICACIÓN DEL TRABAJO Y SENTIMIENTO DE SOLEDAD

Los ritmos de trabajo se han acelerado; se hace *zapping* de una tarea a otra, con una sensación de urgencia permanente, a menudo con la necesidad de chapucear. Por temor a ser despedido, todo el mundo se agota para intentar ajustarse a lo que se espera de él. La intensificación del trabajo, marcada por el reforzamiento de las exigencias de ritmo y el aumento de la carga mental, ha creado un sentimiento de fatiga generalizado, y el individuo debilitado pierde sus ilusiones, se desmotiva y se vuelve cada vez más solitario, como explica Didier, de 51 años, ejecutivo financiero en trámites de divorcio:

> Porque se me ha reconocido una competencia, debo dar, suministrar cada vez más. Desde luego, eso hace que uno se valore, que uno se crea indispensable, pero si levanto el pie, se me culpabiliza. Es una trampa. Si no siguiera a este ritmo desenfrenado, se me descalificaría. Trabajar menos sin poner en peligro mi puesto de trabajo es imposible. Uno está rodeado de vampiros que clavan sus dientes en el que parece triunfar.

Aun más que las condiciones de trabajo mismas, las relaciones entre las personas son con frecuencia fuente de aislamiento y de sentimiento de soledad. Las nuevas prácticas empresariales en las grandes empresas produjeron una pérdida de referencias que aporta frustración y sufrimientos, y sobre todo, sea cual sea el nivel jerárquico, una inquietud con respecto a la estabilidad del propio puesto: la soledad se incrementa en tanto que, ahora, cada uno tiene que velar por sí mismo; los colegas de trabajo son menos camaradas que rivales, porque se sabe que, en caso de reducción de plantilla, sólo se mantendrá al que parezca más productivo. El miedo al paro y la exclusión es tal que muchos están dispuestos a eliminar al colega que se convierte en un rival, y se acaba por desconfiar de todo el mundo. Ante actitudes de rechazo o persecución, no existe ninguna solidaridad entre colegas y, por temor a perder el empleo, cada cual se protege.

En caso de acoso moral, la persona convertida en blanco se encuentra sola, como recuerda Christophe Dejours: «Las nuevas organizaciones, al privilegiar la individualización de la evaluación, han destruido las solidaridades y la convivencia. Si uno se hunde, nadie hace nada».[1] El entorno prefiere a menudo ponerse del lado del más fuerte y tomar partido por el agresor, y es esta complicidad, al menos pasiva, de los testigos con el acosador lo que más afecta a la víctima y la lleva a perder sus referencias. Cuando se ha sido víctima de acoso moral, uno pierde la confianza en sí mismo y acaba desconfiando de todo el mundo. El asalariado, ya desestabilizado por el acoso, acaba por dudar de su competencia y su habilidad, a veces incluso de su salud mental.

> François, de 56 años, controlador de gestión, fue arrinconado progresivamente durante la reestructuración de su banco. Ya no tiene nada que hacer, salvo inutilidades, y todas sus tentativas para incorporarse a un nuevo puesto se revelaron infructuosas. En el plano privado, se ha ido distanciando progresivamente de su mujer, y la amiga a la que veía de tanto en tanto ya no da noticias.
>
> Se siente cansado y desengañado. Para disimular su vacío, se ha entregado a actividades asociativas, pero es consciente de que sólo son remiendos. Lo que le falta es un reconocimiento profesional que le proporcionaría una base. Dice tener miedo del vacío, de la carencia afectiva e intelectual. A veces, tiene la tentación de dejarlo todo, de renunciar a buscar otro puesto de trabajo e, incluso, de dejar de ver a sus amigos y conocidos.

Por añadidura, el trabajo está repartido de un modo desigual: están los excluidos del trabajo, que tienen demasiado tiempo libre, y los que trabajan demasiado y ya no tienen tiempo para la vida privada, como Dominique, de 36 años, directora financiera:

> Mi papel laboral me aísla. Siempre se me pide más y cada vez doy más. Como soy un soldadito disciplinado, aumento día tras día mi capacidad de trabajo y mis competencias y, como soy perfeccionista, consigo ser irreprochable. Al trabajar demasiado, mitigo mi falta de confianza en mí misma en todos los demás ámbitos, porque, en la relación con el otro, ya sea de amistad o amorosa, nunca tuve ganas de ir demasiado lejos.

El sentimiento de soledad de los asalariados, en particular de los «cincuentones», proviene de una pérdida de confianza en el porvenir y de un sentimiento de vacío interior. En efecto, un individuo, para realizarse, tiene necesidad de vínculos afectivos, pero también de una suficiente consideración social: es lo que actualmente más se echa en falta. Bérengère, de 50 años, administrativa:

> Tengo el sentimiento de no existir en tanto que persona humana con sus debilidades y sus cualidades. En el trabajo, se me utiliza como un peón destinado a producir cada vez más, en casa soy una máquina de hacer billetes para mis hijos y un objeto sexual para mi marido.

Algunas empresas tomaron conciencia de la falta de cohesión entre los asalariados individualistas y, para ponerle remedio, intentaron, de forma artificial, federar a sus colaboradores en torno a actividades festivas. Pero los asalariados no se dejan engañar, y desconfían de estos nuevos instrumentos de la gestión de empresa destinados a controlarles mejor inculcándoles valores idénticos.

SER DURO EN UN MUNDO DE DUROS

El juvenilismo vigente en el mundo del trabajo conduce a menudo al aislamiento a los más mayores, porque, en muchas empresas, a partir de la edad de 50 años, los asalariados son arrinconados, aislados. En el momento de la jubilación, aquellos cuya vida se vio llenada sobre todo por sus actividades profesionales se encuentran entonces ante el vacío. Para ellos, eso constituye una especie de muerte social, como declara Christian, de 62 años:

> Me eliminaron de mi trabajo, y ahora soy yo quien se elimina. Por razones económicas, vendí todo lo que no me era indispensable: objetos, muebles, libros… y ahora, prosigo esta empresa de demolición. Ya no llamo a mis amigos o mis conocidos, y ellos cada vez me llaman menos. No puedo contar con nadie. A fuerza de hacer el vacío, se acaba por desaparecer. Para emascularte no hay como papá y mamá, la gente se encarga de castrarte.
>
> Hay un sistema de trueque; cuando yo trabajaba, si enviaba tarjetas postales, recibía una respuesta, ahora ya no recibo nada. Estoy «*out*», ya nadie tiene ganas de verme. Todo el mundo tiene favores que devolverse. Para encontrar un trabajo pasé 50 años; en cualquier ámbito, se tiene que

tener una red; pero para construirla habría que realizar un esfuerzo de seducción muy activo.

Para aguantar, intento interesarme por un montón de naderías para hacer durante el día. Es ridículo, pero es también heroico. Sin deseo ni ocupación, uno no es nada. No se puede vivir si no se está en acción, que es una proyección hacia el futuro. En un momento como éste, la gente, si no cree en Dios, está completamente desesperada.

El envejecimiento se acepta cada vez menos en el mundo laboral, se considera una carga insoportable, y el que no es joven, guapo y competitivo se ve rápidamente excluido.

François, casado desde hace 25 años, tiene dos hijos que, al haber terminado prácticamente sus estudios, se alejan del hogar familiar. Hace varios años que el buen entendimiento con su mujer se degradó, pero estaban los hijos, el apartamento de uso común y los hábitos.

Su aislamiento se agravó durante una reestructuración llevada a cabo en su trabajo. A todas luces, ya no lo necesitaban, era demasiado viejo (56 años) y preferían colocar a un jovencito en su puesto. A partir de ese momento, comenzó a padecer sutiles procedimientos de acoso moral: su superior jerárquico ya no le encomendaba tareas de responsabilidad, se olvidaban de invitarle a las reuniones y ya no le hablaban. Hasta el día en que le dijeron claramente que ya no le necesitaban en el servicio y que debía postularse para otro puesto.

La degradación del trabajo vuelve el triunfo profesional cada vez menos dependiente de la idoneidad y mucho más de la suerte o el oportunismo. Ahora ya no basta con trabajar y conseguir buenos resultados, también hay que exhibirse, hacerse apreciar mejor, hacer funcionar la propia red. Lo que cuenta es la apariencia y la visibilidad mucho más que el rendimiento y la eficacia, es tener una agenda de direcciones repleta más que que el propio talento. Quienes no quieren depender de nadie lo pagan con frecuencia muy caro.

Otra cualidad fundamental exigida en el trabajo es la capacidad de adaptación: hay que saber ponerse de nuevo sobre el tapete a pesar de los fracasos, no dudar de uno mismo y atribuir la responsabilidad de sus errores a los demás. Asimismo hay que dejar de lado la empatía, ser suficientemente agresivo para matar simbólicamente a los amigos y los enemigos, y ser capaz de mentir para abrirse un mercado. En este «juego», quienes tienen un yo hipertrofiado consiguen imponerse mejor que los otros.

La regla actual es que hay que ser duro en un mundo de duros, no dudar en deshacerse del otro si constituye un obstáculo para el propio éxito. Programas como *Le Maillon faible* convierten en espectáculo, e incluso justifican, el acoso moral: no se trata tanto de eliminar al competidor más débil como de desembarazarse del más fuerte, el que podría ser vuestro directo competidor. En tal contexto, si se quiere existir, sobrenadar, puede resultar tentadora la utilización de procedimientos desleales, de realzarse a expensas de otro mediante procedimientos perversos. Por eso, desde la década de 1980, asistimos a un incremento de artimañas de acoso moral, tanto en el mundo laboral como en la vida privada.[2]

La consecuencia de estas evoluciones es que nuestras sociedades se vuelven cada vez menos igualitarias: por un lado, los que participan en el juego de la competencia, no se andan con sensiblerías y son hábiles en el disimulo de sus sentimientos o en no dejarse afectar por nada; y, por el otro, los que son demasiado sensibles, demasiado frágiles y se quedarán en la cuneta. Se puede comprender que, en semejante atmósfera de competencia, donde se tiende a considerar al otro como un rival, uno se vuelve desconfiado. Y la desconfianza aísla...

De ahí la tentación frecuente de combatir la soledad sumergiéndose en el mundo virtual de los medios de comunicación audiovisuales, de la telefonía móvil y de Internet, cuya explosión ha coincidido milagrosamente, desde finales de la década de 1990, con la crisis estructural de las relaciones hombre/mujer y el endurecimiento de las relaciones laborales. Pero esta escapatoria, como vamos a ver, es a menudo la causa de crueles desilusiones.

CAPÍTULO 7

Las ilusiones de la comunicación y lo virtual

En una sociedad de la comunicación y de la información, parece natural buscar relaciones en Internet. En efecto, en la vida real, existen cada vez menos lugares de intercambio y, por tanto, de encuentros fortuitos. En las grandes ciudades, la gente vive en la proximidad de los demás, pero no se encuentran. Por eso, si se desea salir de la propia red familiar o amistosa, no queda otra cosa que Internet.

MANTENER LA ILUSIÓN DE QUE NO SE ESTÁ SOLO

La soledad no siempre se percibe como tal, porque puede quedar enmascarada por los encuentros, la agitación y las ocupaciones profesionales. Algunos, al no soportar enfrentarse al silencio, lo llenan con la radio o la televisión, en la que miran cualquier cosa. Es la misma gente que, a continuación, telefonearán a alguien o encenderán su ordenador para «chatear» toda la noche. Por una especie de bulimia de informaciones, otros se mantienen al corriente de la actualidad en tiempo real abonándose a un servidor que les envía SMS a su teléfono móvil. Para ellos, un día sin noticias es inconcebible...[1] Las informaciones son cada vez más abundantes, pero también más fraccionadas. Hay que concentrarlo todo, sobre todo el pensamiento. Por ejemplo, en los debates televisivos, los invitados son instruidos antes para que den respuestas cortas, y deben contestar del modo más sucinto posible, porque el tiempo concedido es limitado.

En 2006, los franceses consumían una media de 3 h 26 m de televisión diarios; eso deja poco tiempo para la vida social, afectiva o amorosa. Los adolescentes franceses pasaban 4 h 17 m diarios delante de una pantalla, ya fuera la televisión, un ordenador o una consola de videojuegos.[2] Se encierran en su habitación, pero no se sienten solos, porque están conectados. Tienen la sensación de estar ligados al mundo entero: a través de los chats, pueden dar su punto de vista, mostrar sus imágenes, difundir sus sonidos...

Se nos quiere hacer creer que nuestro sentimiento de soledad provendría de un déficit de comunicación, que podríamos engañar la soledad llenándonos de información, de música, de consumo, de comunicación... Incluso se nos proponen prácticas de formación en comunicación, cursillos de desarrollo personal, con esta ubicua exhortación paradójica: ¡hay que comunicarse! Pero el problema es que todas nuestras conexiones están saturadas y que ya no queda sitio para un territorio íntimo. Se intercambian informaciones, pero la incomunicabilidad se ha convertido en regla. Nuestra mente se diluye en la sobreinformación, y perdemos todo espíritu crítico y cualquier tipo de sensibilidad hacia el otro. Creemos que nos comunicamos mucho, pero la mayoría de las veces sólo lo hacemos de una forma rápida y superficial. Ahora bien, un intercambio profundo necesita tiempo. Más que palabras, la verdadera intimidad implica ante todo disponibilidad, la capacidad para advertir si el otro se encuentra bien o no, si tiene ganas de hablar o prefiere callarse. En lugar de eso, huimos de cualquier cara a cara con nosotros mismos y con los demás mediante comunicaciones en las que de ninguna manera habrá intercambio.

Desde luego, el problema no es nuevo: en varias de sus obras de teatro de la década de1960, Harold Pinter ya había abordado sobre la soledad y el miedo a los demás que se oculta bajo una máscara irónica o agresiva.[3] Nos mostraba personajes solitarios, incapaces de entenderse y de reunirse. Pero, actualmente, este fenómeno ha adquirido una amplitud social inédita: gracias a los teléfonos móviles, a los SMS y a los ordenadores, es fácil ponerse en contacto con el otro, bajo no importa qué pretexto, sólo para tranquilizarse y darse la ilusión de que no se está solo. Eso puede producir la impresión de una conversación continua que se puede interrumpir cuando se quiera, con un solo clic. Asimismo, gracias a la presentación del número, se pueden también elegir los interlocutores, lo que puede alimentar un sentimiento de omnipotencia...

Dondequiera que uno se encuentre, puede al mismo tiempo estar en otro lado, cosa que permite que se pueda estar juntos sin estar verdaderamente en relación ya que cada cual está en sus comunicaciones. Se ven con frecuencia jóvenes que andan por la calle y que dan la impresión de hablar solos: llevan su teléfono enganchado con un auricular y hablan con alguien que no está presente. La mayoría de las veces, no se trata de una verdadera conversación, sino de un comentario sobre lo que están haciendo; no están en comunicación con el otro, sino consigo mismos. Cuando no hablan por teléfono, escuchan música. Se trata de llenar el espacio con sonido, de abolir alucinatoriamente su soledad, como manifiesta Richard, de 51 años, jurista:

> Cuando era niño, me ponía nervioso ver a mi madre parlotear permanentemente sin decir nada. Durante todo el día, no paraba de comentar lo que hacía: «Tego que hacer la colada, pero ya no queda detergente, voy a ir al supermercado, no, voy a poner la mesa primero...». Ahora, mis hijos hacen lo mismo con su teléfono móvil. Están en permanente comunicación con no se sabe quién, para decir cosas tan poco interesantes como las que decía mi madre.

Nos telefoneamos y nos chateamos con semidesconocidos, y muchas pseudoamistades no son sino cómodos medios para escapar de la soledad. El chat es charlatanería, palabras cuyo contenido importa poco, y que sólo se dicen para llenar el vacío. Tampoco se trata de un charloteo, es decir, un intercambio de palabras rituales destinadas a impedir una entrada demasiado brusca en el tema fundamental de la conversación, sino de palabras anodinas y que lo seguirán siendo. En el chat, no se pasa de la superficie, no se tienen ganas de acercarse al otro. Los foros, los chats, los blogs, las páginas personales de los internautas, todo eso constituye una manera de alejar la realidad, de poner a distancia las emociones dolorosas. Los fóbicos sociales, por ejemplo, que temen la relación con el otro, pueden, por medio de los chats, hacerse la ilusión de comunicarse sin sentirse amenazados.

LAS QUIMERAS DE LO VIRTUAL

En Internet, en teoría, todo el mundo puede comunicarse con todo el mundo, y esta comunicación funciona cada vez más sobre una base emocional, una pseudointimidad, lo que nos coloca en una posición de transparencia angustiosa y nos vuelve extremadamente sensibles a las sugestiones externas. A causa del alejamiento de las relaciones, se ha desarrollado una falsa intimidad, bajo la forma de un exhibicionismo afectivo y confesiones compulsivas para sugerir una proximidad: hay que decirse todo y muy pronto; cuanto menos se conoce al otro, más confidencias se le hacen.

En Internet, se pueden vivir aventuras de incógnito, especialmente sexuales. Como analizó el especialista en medios de comunicación Pascal Lardellier, es un inmenso carnaval en el que uno se interna enmascarado.[4] La ausencia del cuerpo hace posibles todas las identidades: los hombres pueden intentar hacerse pasar por mujeres y ligar con otros hombres sin por ello llamarse homosexuales, los viejos pueden buscar jóvenes, etc. Uno puede abandonarse a sus fantasías sin demasiado riesgo, siempre y cuando no se pase a la verdadera vida. Los nombres adoptados y las imágenes fotográficas suministran un stock inagotable de identidades transformables a voluntad: «La cibercultura ha transformado la expresión tradicionalmente romántica del amor en su contrario, al cambiar a los potenciales amantes en Shahzads competitivas, que intentan triunfar sobre el otro mediante la idea o la imagen más chocante y más sórdida».[5]

Lo virtual tranquiliza porque produce la ilusión de una relación, pero también aísla, porque ya no deja espacio-tiempo para las relaciones de la vida verdadera. Lo virtual es lo que puede consolarnos de los sufrimientos de lo real. Pero se trata de una engañifa, porque, en las páginas de encuentros, el otro no existe en tanto que tal. Es sólo una quimera, un fantasma que uno se crea de pies a cabeza. Es lo que describe la novelista española Lucía Etxebarría en su novela *Una historia de amor como otra cualquiera*:

> En el mundo vitual mantenía una relación con un ente incorpóreo, ino doro, insípido e incluso incoloro (un ente en blanco y negro —pantalla y caracteres— porque desde el principio me negué a intercambiar fotos pa-

> ra mantener así viva la fantasía). Sus mensajes —diarios— eran graciosos, inspirados e inteligentes, pero lo cierto es que yo no sabía el tiempo que le podía llevar escribirlos, así que eso no probaba en absoluto que el remitente fuera en la vida real tan gracioso, inspirado e inteligente como yo lo imaginaba: quizá no se tratara de mensajes espontáneos, quizá simplemente eran los deberes de un aplicado aprendiz de seductor que se esforzaba mucho en su redacción diaria.[6]

La comunicación virtual nos aleja todavía más de la posibilidad de un encuentro que implicaría atreverse a ir hacia el otro. Buscar a otro en Internet es el narcisismo absoluto, ya que uno permanece frente a sí mismo. Ahora, cuando un individuo se siente demasiado insatisfecho de su vida, puede inventarse una vida ideal totalmente virtual en la que no será acosado por su patrón, en la que siempre será atractivo y tendrá buena salud, en pocas palabras, en la que será por fin lo que se le pide que idealmente sea. La plataforma digital Second Life permite todo esto: basta con crearse un «avatar» que reúna todas las características de lo que se habría soñado ser, para entrar en un mundo de libertad absoluta en el que cada uno puede revelar sus fantasías sin exponerse. Second Life propone una vida paralela en la que parece más fácil instaurar lazos de amistad que en la verdadera vida: «Permite sentirse más próximo porque no hay posibilidad de tocar», explica el psicoanalista Serge Tisseron.[7] Por supuesto, todo es falso, pero todo parece tan verdadero...

Second Life permite así encontrar amigos listos para usar. Los internautas pueden agruparse por afinidades, crearse una red. Basta con conectarse a ella y crearse un perfil; a continuación, un correo electrónico propondrá a su destinatario volverse «amigo» de su expedidor. Platicar con este «amigo» es práctico porque no hay ni siquiera necesidad de desplazarse. En esta búsqueda de la amistad virtual, de lo que se trata es de colmar la carencia al instante. Se tiene así la sensación de no estar solo, aun cuando la conversación sea hueca: «Buenos días, ¿qué tal?», «¡Bien!» En una pseudoamistad en Internet, no hay conflicto, porque en caso de desacuerdo, se cambia y se pasa a cualquier otro. La amistad se reduciría entonces a un simple contacto, rescindible con sólo apoyar la tecla *reinicio*. Ahora bien, una amistad se construye en el tiempo, a través de experiencias y pruebas compartidas.

En 2005, la sociedad Artificial Life, con sede en Hong Kong, inventó incluso una verdadera-falsa novia para entrenarse antes de tener una verdadera amiguita: para pasar un momento con Vivienne, basta con pagar seis dólares al mes y abrir el móvil. Ella habla con una voz sintética y ofrece 35.000 temas de conversación. «Lo virtual es una forma de protegerse de lo real que no marcha bien, que nos hace daño, frente al que uno se siente impotente.»[8]

Al facilitar la comunicación, las nuevas tecnologías crean paradójicamente soledad. En las casas, los miembros de la familia viven cada vez más separados, cada uno se aísla en su espacio, frente a sus prótesis (teléfono, ordenador, videojuego...), y hay cada vez menos comidas en común: la madre se encarga de llenar el frigorífico e intenta desesperadamente reunir a todo el grupo familiar alrededor de la mesa... Antes, en un andén de estación, la gente conversaba esperando el tren. Ahora, todo el mundo lleva sus auriculares puestos; un padre telefonea a su mujer para decirle que llegará a tal hora, luego le pide que le pase a cada uno de sus hijos; habla alto para que todo el mundo sepa bien que se preocupa por su progenie. A su lado, un empresario discute a propósito de un contrato. Los jóvenes escuchan tan fuerte la música que todo el mundo puede escuchar el sonido que sale de los auriculares. El resultado es una algarabía sin una sola verdadera conversación.

La sobredosis de informaciones nos roba tiempo, y cada vez resulta más difícil aíslarse. Saturados, algunos tienen ganas de hacer una pausa para apartarse de la agitación del mundo y poder entregarse a los propios estados anímicos. De ahora en adelante, el lujo es el vacío: vacío de sonidos, de informaciones, de imágenes. Uno sueña con retirarse lejos de todo, sin teléfono móvil, sin *walkman*, sin ordenador conectado. En cambio otros, al contrario, caen en la trampa de la «ciberdependencia».

La ciberdependencia

La aparente facilidad de los intercambios virtuales permitió el desarrollo de nuevas patologías. La paidopsiquiatra Marie-Christine Mouren-Siméoni realizó en 2006 una presentación ante la Academia de Medicina en la que explicaba que un número creciente de niños y preadolescentes se niega a ir al colegio. Esta fobia escolar podría estar ligada a una angustia de separación de la madre o, incluso, al temor de las burlas o las críticas por parte de profesores o compañeros, a un miedo a la presión o la violencia escolar. Pero son sobre todo los padres quienes consolidan estos trastornos, instalando al hijo en su rechazo, al organizarle una vida hecha de Internet, de videojuegos, de animales de compañía y de cursos por correspondencia.

Así, en Japón, cientos de miles de jóvenes viven encerrados en su casa. Se les llama *hikikomori*, o hijos socialmente excluidos. Actualmente, representan el 1% de la población japonesa. Por temor a enfrentarse con la realidad, estos jóvenes, la mayoría con una edad entre los 20 y los 30 años, se refugian en un universo infantil, virtual, alimentado por Internet, los videojuegos, los mangas... Intentan hacerlo todo sin salir de su casa, algo que es posible gracias a Internet. Su sexualidad se reduce a fantasear con los videojuegos o las películas porno. Si salen, es por la noche, en una calle desierta, para ir al distribuidor de bebidas o de comida, para evitar cualquier contacto humano.

El fenómeno de los *hikikomori* no se limita a Japón, sino que existe en todos los países desarrollados:

> Arnault, hijo muy brillante, educado por una madre soltera informática, fue poco a poco abandonando su escolaridad hasta interrumpirla por completo poco antes de iniciar el bachillerato. Desde hace dos años, está en casa y no hace casi nada. Durante el día, duerme, sólo se levanta al final de la tarde para servirse algo del frigorífico familiar. Nada más despertar, se conecta, chatea, juega, conversa y descarga música, películas y vídeos.
>
> Su madre intentó inculcarle algunas reglas de vida colectiva, pero fue un esfuerzo baldío. Para conseguir que participe al menos en la cena, puso una llave en la puerta de la cocina, pero Arnault prefiere comprarse un sandwich en la cafetería de al lado.

Es fácil engancharse a los chats y a los encuentros en Internet. Se trata de una conducta adictiva comparable a la de los jugadores patológicos o los compradores compulsivos, que comporta trastornos como la ansiedad, el insomnio y dificultades para concentrarse en caso de abstinencia. Estos ciberadictos son incapaces de refrenar su imperiosa necesidad de conectarse y se ven llevados poco a poco a aumentar el tiempo que pasan en esas *webs*. Esto crea una falta de tiempo para el resto de la vida social, la familia, los amigos y las actividades de ocio, y también una intrusión en la vida profesional, porque estos ciberdrogadictos pasan sus noches y sus fines de semana encerrados frente a su ordenador.

Tras el fallecimiento de su marido como consecuencia de una larga enfermedad, Annie, de 43 años, se inscribió inmediatamente en varias páginas de encuentros. Durante dos años, tras su trabajo, ella volvía con la mayor rapidez posible para chatear. Todas las noches salía con desconocidos y, al regreso, se volvía a conectar. A veces, iba directamente a trabajar tras pasar la noche en blanco. Evidentemente, su rendimiento no iba muy lejos. Totalmente dependiente de Internet, se olvidaba de comer y de ocuparse de su casa.

Pero en Internet se pueden tener malos encuentros y, un día, un hombre con quien mantenía correspondencia envió a la empresa de Annie los mails intercambiados con ella durante sus horas de trabajo. Luego otro envió a su secretaria el contenido de los diálogos eróticos intercambiados. Otra persona, que ella ignora si es un hombre o una mujer, se apoderó de su apodo para hablar en su nombre en chats y difundir su número de teléfono. Como consecuencia de eso, le telefonearon hombres que creían que se habían citado con ella. Pero no fue hasta que tuvo graves disgustos en su trabajo cuando Annie reaccionó y aceptó acudir a la consulta.

Presentaba una «manía de duelo», que es un equivalente depresivo. Normalmente, el duelo comporta un estado de ánimo triste y doloroso, así como una pérdida de interés por el mundo exterior, una inhibición de toda actividad y, a veces, un sentimiento de culpabilidad. En el caso de Annie, al contrario, vivió un estado de intensa excitación, con una reducción de la necesidad de dormir, un estado de agitación psíquica, hiperactividad, impulsividad y gastos desmedidos, así como conductas sexuales inconsecuentes.

Durante toda la enfermedad de su marido, ella se había sacrificado sin restricciones, pero se culpabilizaba por no haber podido calmarle durante sus últimos días. Al no haber vivido nunca sola, su muerte la dejó desamparada y aislada. Tenía la impresión de estar interiormente muerta, y su agitación no era más que una defensa para no hundirse en la depresión.

Internet puede favorecer asimismo formas de agresión inéditas:

> «Una mujer, acusada por usurpación de personalidad en Meetic.fr y en el espacio de encuentros del difunto Wanadoo, fue condenada por el TGI [la audiencia regional] de Carcasona, en el departamento de Aude. La internauta fue condenada el 16 de junio de 2006 por "violencias voluntarias con premeditación". Utilizaba el ordenador de su directora para comunicarse bajo diferentes apodos haciéndose pasar por su colega, descrita como una "mujer fácil deseosa de mantener relaciones sexuales". Esta mujer sin escrúpulos no dudó en divulgar en estos espacios de encuentros las señas de su víctima. Esta última no tardó en recibir numerosos mensajes de individuos ansiosos por conocerla. Sorprendida, la desdichada consiguió un permiso por enfermedad de diez días y presentó una denuncia.»[9]

Este tipo de comportamiento marginal, que combina Internet y sexualidad, no se explica únicamente por las facilidades que ofrece la comunicación en línea. También es sintomático de la hipersexualización de la sociedad moderna, que presenta una especial alianza con la Red...

UNA SOCIEDAD ONANISTA

En una era de perpetua provocación erótica caracterizada por la caída de las prohibiciones, bajo el pretexto de una mejora del placer, han aparecido nuevas normas relativas al rendimiento sexual. Para sentirse bien con uno mismo, habría que aumentar el número de amantes y la frecuencia de las relaciones, y, como la llamada sexualidad «normal» ya no es suficientemente excitante, hay que intentar prácticas sexuales diferentes, y atreverse a todo: el cambio de parejas, las perversiones «soft», el uso de utensilios sexuales... Nuestra época asiste a un incremento del sexo oral así como de técnicas masturbatorias, lo que algunos han llamado la «sexualidad plástica».[10]

Los niños conocen cada vez más pronto la dimensión técnica y mecánica del acto sexual a través de películas porno e Internet. Se les enseña a gozar sin trabas, pero también sin deseo, porque, con el fin de la transgresión, han desaparecido el erotismo y el deseo. Bajo la presión de las marcas de moda y las revistas para adolescentes, las chicas aprenden a seducir a través de la valorización sexual de su ser, como explican los sociólogos canadienses Richard Poulin y Amélie Laprade: «Ellas se han transformado en objeto de deseo, cuando todavía carecen de los medios para ser sujetos de deseo. Se vuelven prisioneras de la mirada del otro para existir. Las chiquillas se exponen y se forjan una idea de la sexualidad y del amor centrada en el sexo y el consumo».[11]

Actualmente, cada vez se comprueban más adicciones sexuales entre los chicos, pero también, lo que es una novedad, entre las chicas. Una sexualidad compulsiva toma el relevo de los trastornos de las conductas alimentarias como la anorexia y la bulimia. Como las revistas femeninas han valorado estos cambios como una conquista de la liberación sexual, se han dado de un modo más acentuado entre las mujeres, que en poco tiempo han recuperado su retraso.

> Gloria, una provocadora cincuentona, es artista y frecuenta la *jet-set*. Casada, comparte un enorme apartamento con su marido, a menudo ausente a causa de sus actividades profesionales, y su hijo, un joven que cursa imprecisos estudios. Con su marido, ella dice que la cosa se ha acabado hace ya mucho tiempo, pero que han acordado mantener una apariencia de pareja.
>
> De entrada, declara que para ella lo fundamental en la vida es tener «buen sexo» —de forma muy apropiada, no dice «hacer el amor»—, pero que, en este momento, eso ya no funciona tan bien y que por eso acude a la consulta. Le gustan los hombres jóvenes y viriles, pero, a pesar de eso, sólo puede obtener un goce intenso tomando éxtasis. Pero cada vez necesita dosis mayores, y ya no resultan suficientes para satisfacerla.

Algunos van a buscar la excitación y el deseo en las transformaciones del cuerpo, la pornografía o las experiencias extremas, pero se trata entonces de la carne y no de una relación amorosa. A pesar de todo, la mayoría de las mujeres siguen siendo reticentes a la pornografía, sin duda porque en ella la mujer se presenta sumisa y dominada, y en este sentido constituye un equivalente de la violencia sexista.

Como reacción a este discurso dominante sobre la sexualidad, cada vez son más los que viven historias sexuales únicamente en Internet. No es por casualidad que el 70% del contenido de la Red esté dedicado al sexo y que el 25% de la búsqueda en línea concierna a páginas de contenido pornográfico. Según los paidopsiquiatras estadounidenses, el 42% de los jóvenes usuarios de Internet, de edades comprendidas entre los 10 y los 17 años, declaraban en 2005 haberse visto expuestos a la pornografía sin haberlo deseado,[12] lo que habrá de tener influencia en sus comportamientos sexuales ulteriores. Algunos hombres, que tienen miedo del sexo, prefieren consumir solitaria y virtualmente pornografía y fantasear con prestaciones inalcanzables, más que afrontar un fracaso con una mujer.

> Gisèle, de 38 años, acude a la consulta porque ha descubierto de un modo totalmente azaroso que su marido pasa todo su tiempo libre en páginas pornográficas y en foros de carácter sexual. Enfermera, tiene unos horarios muy pesados, mientras que su marido está en paro. Al hacer una búsqueda en el ordenador de casa, descubrió un historial de diálogos sexuales con varias mujeres. Su marido incluso envió a una de ellas su foto en estado de erección.
>
> Cuando se lo comentó, él confesó que lo hacía normalmente y desde hace mucho tiempo. Siente un poco de vergüenza, pero cree que es una tontería, que todos los hombres lo hacen, que no es grave porque su vida sexual por lo demás es normal. Gisèle está bajo los efectos del shock y no sabe qué actitud adoptar. No quiere separarse de su marido, pero ya no confía en él.

Internet constituye un inmenso *sex-shop* al que se puede acudir discretamente a cualquier hora del día y de la noche. A veces se desarrolla una adicción que lleva a conectarse a las páginas de sexo hasta en el lugar de trabajo. Sus responsables no se equivocan, por otra parte, al enviar *spams* pornográficos a las direcciones profesionales. Lo virtual sirve como soporte a la excitación, lo que permite desear sin los disgustos que ocasiona el cuerpo. En Estados Unidos, el cibersexo incluso se presenta como un preservativo tecnológico. En una sociedad onanista, el cuerpo no está presente: se ha vuelto virtual. Para el sociólogo David Le Breton, el cuerpo es «vivido cada vez más como un miembro excedente que habría que suprimir».[13]

Pero ninguna de estas mutaciones que empujan, en los países ricos, a una forma de soledad sumergida en lo virtual se puede entender sin considerar con mayor precisión el marco más global que ya hemos mencionado: el de la representación dominante de una sociedad de la abundancia en la que prima el individuo, el consumo y el narcisismo.

CAPÍTULO 8

El dominio del consumo y el narcisismo

> Hay deseo de lo que se carece, no hay deseo de lo que no se carece.
>
> SÓCRATES

EL INDIVIDUO SERIALIZADO, CENTRO DEL MUNDO

El aislamiento que cada uno encuentra en su vida privada no es más que el reflejo del individualismo que prevalece desde hace tiempo: la revolución numérica no hizo más que reforzarlo al multiplicar sus medios de expresión. Todo el mundo intenta como buenamente puede rellenar la soledad que engendra el mundo moderno, sumergiéndose en satisfacciones instantáneas, soluciones inmediatas que no precisan ningún esfuerzo prolongado, o intentando olvidarla mediante el consumo de productos psicoactivos.

El individuo ocupa el centro de nuestro mundo, pero está solo, porque no es más que un peón en el seno de una multitud de *iguales*, un «individuo serializado».[1] En un mundo en el que no somos más que clones, cada cual aspira a ser único, pero como eso es escasamente realisable en la vida profesional, se espera al menos ser irreemplazable, insustituible, en el nivel de la pareja. Desde 1950, en su famoso libro *La muchedumbre solitaria*, el sociólogo estadounidense David Riesman había enfocado el fenómeno con una pertinente comparación: «En el vocabulario de los economistas, la "diferenciación de los productos" designa el esfuerzo que hace una empresa para singularizar sus productos, no por el precio de venta, sino mediante ligeras diferencias, no obstante suficientes —en parte gracias a la publicidad— para librar al producto de la competencia directa de artículos por lo demás similares».[2]

Esto sigue siendo válido para los hombres y las mujeres de hoy día: ya sea en el trabajo o en una página de encuentros, ¿cómo desmarcarse del montón, cómo hacer valer la propia especificidad? Por un lado, la sociedad concede una gran importancia a la singularidad del sujeto; y, por otro, el pensamiento se ha normalizado: hay que pensar como los demás, pertenecer a una red, no salirse del rebaño. Esto es especialmente cierto en el mundo del trabajo, donde rige un doble lenguaje, que propone a cada uno expresar su personalidad al tiempo que obliga a los asalariados a adaptarse al molde. Pero es igualmente cierto en las páginas de encuentros, donde los candidatos deben hacer ostentación de una singularidad para distinguirse de todos los demás, sin dejar de adecuarse a los criterios de la demanda.

Es porque tenemos miedo de la alteridad que establecemos comunidades de similaridades. Nos reagrupamos con los semejantes que piensan lo mismo que nosotros: es la garantía de una ausencia de conflictos, pero también la evicción de cualquier verdadera discusión y por tanto de cualquier posibilidad de progresar mediante la confrontación de nuestras ideas con las de los otros. Por otra parte, se habla de «comunidades», pero no son más que subgrupos (minorías sexuales, étnicas, musicales, etc.) que están ahí para darnos la ilusión de la diferencia, cuando en la realidad es necesario, sobre todo, lo mismo, lo idéntico. Por eso, ya no existen grandes grupos abiertos, sino una multitud de pequeños grupos que se reconocen entre sí y que excluyen a los demás. Se puede observar en los adolescentes, que se desplazan en bandas, escuchan la misma música y se visten de la misma manera.

El individuo contemporáneo pertenece a redes múltiples entre las que «zapea» y en las que sólo parcialmente se incluye. Pero a fuerza de navegar de una red a otra, corre el riesgo de no sentirse bien en ninguna parte, porque no se ha comprometido en nada. Multiplica las burbujas relacionales —amigos, amantes, hijos—, evitando de ese modo inscribirse en una auténtica vida social. Una tendencia acentuada por la presión de las recomendaciones mediáticas que invitan a inscribirse en las especificaciones de las «tribus consumidoras» definidas por los «media-planificadores» de la publicidad, que trabajan para los grandes grupos productores de bienes de consumo.

CONSUMIR PARA EXISTIR...

Porque en nuestros días, para ser reconocido, no basta con existir, hay que consumir: un individuo se define en primer lugar por su apariencia externa y por la calidad y la cantidad de sus pertenencias. Numerosas revistas femeninas intentan «vender» así a sus lectoras objetos de seducción: vestidos, perfumes, cremas de belleza... De igual manera, diarios y semanarios para el gran público promueven adminículos último grito, viajes y películas, el «siempre más» para llenar nuestra vida...

Pero todo esto está lejos de satisfacernos y, a pesar del mejor nivel de vida y los modernos instrumentos de comunicación, no disminuye el malestar anímico y aumenta todavía más el aislamiento. Para el filósofo Gilles Lipovetsky, serían las frustraciones las que llevarían a los individuos a consumir tanto: «Cuanto más se multiplican las contrariedades y las frustraciones de la vida privada, más se desencadena el consumismo a modo de consuelo, satisfacción compensatoria y medio para levantarse la moral».[3] Pero ¿no será más bien al revés, que los individuos se sienten frustrados porque el consumo no puede satisfacerlos? Cuando el deseo se limita a la posesión de bienes materiales, siempre se necesita más, lo que engendra una dependencia, porque este «siempre más» nunca será satisfactorio.

Por miedo al vacío y a la angustia que puede producir, nos agitamos, corremos de una actividad a otra sin concedernos la menor tregua. Lo que no deja de recordar a La Bruyère, que ya escribía en 1688: «Todo nuestro mal viene de no poder estar solos: de ahí el juego, el lujo, la disipación, el vino, la ignorancia, la maledicencia, la envidia, el olvido de uno mismo y de Dios».[4] Necesitamos conversar, tener siempre gente alrededor, por temor a vernos confrontados con nuestra propia imagen. Esta búsqueda incesante de comunicación, de consumo, de actividades, de nuevos placeres, está destinada a evitarnos percibir la vacuidad de nuestras existencias. Pero, paradójicamente, este tiempo colmado hasta el borde nos coloca, con la distancia, ante un vacío todavía mayor. Irène, de 53 años, psicóloga:

> ¿Por qué tanto estudiar, tanto trabajar y esforzarse en hacer deporte para mantenerse en forma? No soy mejor que mi madre. Cuando me miro,

percibo su desinterés por la vida. Sé que no es aturdiéndome en la acción como me sentiré viva. Tengo que detenerme para escuchar la tierra, contemplar las estrellas, sin temer la no-vida, sin temer la muerte.

Con la aceleración del tiempo, con la impaciencia de nuestra época, nos falta espacio libre para soñar. Los hijos se educan con una planificación de actividades sobrecargada. Aparte de la escuela y los deberes, tienen que hacer deporte, música, actividades artísticas. Cuando la vida social es agotadora, nos asalta la tentación de retirarnos de la agitación del mundo, renunciar al rendimiento, dejar de querer ser lo que los demás esperan de nosotros, «bajar la guardia» de alguna manera y ser tan sólo lo que somos, ni más ni menos. Sin duda, es lo que explica en parte el deseo que tiene mucha gente de dejar de trabajar antes de que llegue la edad de la jubilación, y de «retirarse» al campo.

EL MANDAMIENTO DE LA FELICIDAD

Pero la presión del consumo no es todo. En la era de la seducción obligatoria, lo que da carta de existencia es también la mirada del otro. Éric, de 43 años, publicitario:

> Estoy tan atento a la mirada del otro que ya no tengo espacio para pensar. Me defino únicamente por la importancia que me conceden las mujeres. No consigo vivir solo, es decir, sin una mujer en mi vida. Cuando una se aleja, me entra pánico y necesito encontrar pronto a otra para reemplazarla.

Ya sea para buscar un empleo o para buscar el alma gemela, es necesario cuidar la propia imagen. Es necesario ser atractivo, estar en forma, sonriente, relajado, feliz... O, si uno no lo es, tiene que aparentar serlo, so pena de pasar por un mediocre y una mercancía rechazada. La felicidad se ha convertido en un mandamiento de nuestra época, como si no ser feliz fuera el índice de una enfermedad sospechosa, y la desdicha, cualquiera que sea su origen, equivaliera a un fracaso personal.

Triunfar en la vida profesional con el riesgo de perder el empleo, triunfar en la pareja con las rupturas que indefectiblemente van a producirse, educar correctamente a hijos que obran a su antojo, todo eso es fuente de dudas y de inquietud, algo que sobre todo es necesario no mostrar. Pero ¿cómo encontrar un empleo cuando no se tiene un aspecto suficientemente flamante, cómo encontrar una pareja si se tiene un aire deprimido? Hay que fingir, mostrarse acogedor cuando se está cansado, sonreír cuando se tienen ganas de refunfuñar. Se desarrolla así un «falso *self*» adaptativo, que lleva a las personas a perder el contacto con sus verdaderos sentimientos interiores y a vivir una existencia desprovista de autenticidad.

Muchos piensan que no son nada si no son los mejores, y la modernidad puede incitarlos a creer en su propia omnipotencia: los progresos de la medicina permiten tener un hijo casi cuando a uno le apetece, la cirugía estética puede reparar la decrepitud corporal, se puede lograr un mayor rendimiento gracias a productos psicoactivos y, gracias a Internet, se espera encontrar a quien, hecho a medida, nos aportará nuestro porvenir soñado. La publicidad y los medios de comunicación incitan al individuo a soñar con un éxito extraordinario: es la *Star Academy* que fabrica en pocas semanas una estrella de la canción. Con estas emisiones que alimentan grandiosas aspiraciones, quienes no triunfan se sienten todavía más frustrados y decaídos. Y a falta de conseguir ser ellos mismos grandiosos, elevan a un pináculo a un héroe que están dispuestos a rechazar violentamente si éste les decepciona.

Las exhortaciones de nuestra época —sed bellos, ricos y eficientes— han convertido el fracaso y las deficiencias en algo insoportable. Los hombres vienen a la consulta por dificultades ligadas a la impotencia, al miedo a «no conseguirlo» o «no estar a la altura»; tienen la impresión de que una carga demasiado gravosa pesa sobre sus espaldas, y oscilan entre la insuficiencia, la carencia depresiva, o, al contrario, la persecución desenfrenada del placer. Según el sociólogo Alain Ehrenberg, en nuestros días los hombres son víctimas de una enfermedad de la responsabilidad, en la que domina el sentimiento de impotencia: «El hombre se enfrenta más a una patología de la insuficiencia que a una enfermedad de la culpa».[5]

Para enfrentarse a estas exigencias y seguir en la competición, muchos recurren a productos psicoactivos. Algunos toman cócteles vitaminados al levantarse, o incluso, si la jornada se anuncia difícil, excitantes de más larga duración; luego, al regresar, por la noche toman algo para relajarse, y, finalmente, un somnífero para dormir. De este modo, uno puede caer en la dependencia: la adicción es un medio para luchar contra la depresión, pero también permite evitar los conflictos y reemplazarlos por comportamientos compulsivos. Se observa así un brote de las patologías adictivas, que empujan a buscar sensaciones fuertes a través del alcohol, el juego, las drogas, el sexo o algunas prácticas perversas en las relaciones amorosas.

Y al menor desfallecimiento, se recurre a los ansiolíticos o a los antidepresivos. Ya Freud afirmaba: «La vida tal como nos ha sido impuesta es demasiado dura para nosotros; nos inflige demasiados dolores, decepciones y tareas insolubles. Para soportarla, no podemos prescindir de remedios sedativos. Estos remedios son de tres tipos: las diversiones poderosas que nos permiten ignorar nuestra miseria, las satisfacciones sustitutivas que la disminuyen y los estupefacientes que nos vuelven insensibles a ella».[6]

TRIVIALIZACIÓN DE LA PERVERSIÓN Y FRAGILIDAD NARCISISTA

Estas tentaciones, que eran las de una parte de la burguesía europea de comienzos del siglo XX, se han extendido actualmente a un mayor número de personas. Porque en un mundo de apariencias, lo que importa no es lo que se es, sino lo que se muestra, no son las consecuencias lejanas de nuestros actos, sino los resultados inmediatos y aparentes. Ésa es la razón mayor que explica la trivialización de la perversión: en todos los ámbitos, se consolida la tendencia a tratar al otro como un objeto del que uno se sirve mientras sea útil, y que se desecha cuando ya no interesa. Según el psicoanalista Charles Melman, que habla de una «nueva economía psíquica», la perversión se habría convertido incluso en una norma social.[7]

De hecho, actualmente asistimos a un claro aumento de las patologías narcisistas, porque este tipo de personalidad muestra una hiperadaptación al mundo moderno. Estos cambios del individuo medio son el reflejo de las mutaciones inducidas por la vida empresarial y su guerra económica: condicionado por el mito del *homo œconomicus* implicado en la «lucha por la vida» contra los demás, tiende a ser impulsivo, a estar siempre en acción; carece de interioridad y sus relaciones son lúdicas y superficiales. Estos individuos cultivan una superficialidad que les protege en las relaciones afectivas y les permite evitar cualquier compromiso íntimo, pero eso los mantiene en una inseguridad afectiva de la que se quejan. Buscan un sentido a su vida y tratan a cualquier precio, incluso en detrimento del otro, de llenar su vacío interior.

Los psiquiatras de mi generación pudieron comprobar esta transición de los estados neuróticos descritos por Freud a las patologías del carácter. Desdichadamente, bajo el pretexto de una fidelidad a Freud, numerosos psicoanalistas siguen hoy día, como si la sociedad no hubiera cambiado, atribuyendo las dificultades humanas a la represión de las pulsiones, y se muestran impotentes para ayudar a estas personas. El psicoanálisis se había desarrollado a partir de casos de individuos moralmente rígidos con un superyó fuerte; pero, en la actualidad, el desmoronamiento de la autoridad ha hecho desaparecer gran cantidad de prohibiciones externas que apuntalaban al superyó en su lucha contra las pulsiones inquietantes.

Nuestros pacientes ya no vienen pues con síntomas directamente perceptibles, sino más bien para quejarse de la dureza del mundo exterior. En lugar de expresar una verdadera interrogación acerca del origen de su sufrimiento, nos piden más bien que «reparemos su máquina», para que funcione mejor. En el plano psíquico, se han vuelto insensibles, hablan de un sentimiento persistente de vacío que no tratan de analizar: simplemente esperan que encontremos soluciones a este malestar, tal como se pide al médico que prescriba los medicamentos estabilizadores de la diabetes o la hipertensión.

Es el fin del espesor y la profundidad de los sentimientos. Todo es superficial y está a flor de piel. La menor observación comporta reacciones epidérmicas. La importancia concedida a la propia imagen lleva consigo una fragilidad narcisista que provoca en algunos un desmoronamiento a la menor crítica de un superior jerárquico o de un amigo. Cada vez más personas se sienten incomprendidas y rechazadas, y cualquier crítica se vive como una agresión. Este sentimiento de persecución refleja perfectamente la porosidad de las apariencias corporales y psíquicas de estas personas: manifiesta que no pudieron fabricarse en su infancia barreras de protección que les garantizan un yo autónomo; necesitan entonces protegerse de cualquier intrusión del afuera y diferenciarse de los demás.

Es su fragilidad narcisista lo que impide que un individuo perverso perciba al otro como un sujeto, y pueda compadecerse de su sufrimiento. Y es también lo que le empuja a afirmarse acosando a los demás o amargándoles la vida. Aun cuando no todos los individuos narcisistas son perversos, es fácil de comprobar una trivialización de los comportamientos perversos: se concede cada vez menos importancia al otro y se eluden las responsabilidades. Si surgen problemas, nadie se pone en tela de juicio a sí mismo: atribuye su responsabilidad a un tercero.

LAS FALSAS RECETAS Y LA «AUTOESTIMA»

Todos se protegen... Y, al lado de la perversión, entre las patologías narcisistas, he podido comprobar que los psicoterapeutas tienen que tratar cada vez con mayor frecuencia a pacientes «alexitímicos». «La alexitimia —como explica el psiquiatra y psicoanalista Maurice Corcos— es un neologismo creado en 1972, [que] significa, etimológicamente, la incapacidad para expresar las propias emociones con palabras (*a* privativa - *lexis*, palabras - *timia*, estado de ánimo, emociones).»[8] La manera de pensar de estos pacientes es de contenido pragmático, se expresan de una manera descriptiva y abordan más a gusto los aspectos triviales de los acontecimientos vividos que su reacción emotiva ante tales acontecimientos; y frecuentemente recurren a una acción irreflexiva para evitar conflictos.

La alexitimia constituye un mecanismo de defensa por insensibilidad: quienes manifiestan este síntoma no expresan sus emociones, pero tampoco tienen la capacidad de percibir las emociones de los demás, de sentir empatía hacia ellos. Están solos, pero eso les importa poco. Según algunos especialistas, este modo de funcionamiento psíquico sería la consecuencia de experiencias traumáticas, fruto no de graves acontecimientos, sino más bien de traumas en lo infraordinario, lo trivial y lo cotidiano.[9]

Y sin duda contribuyen a las frustraciones experimentadas por quienes habían creído en las promesas de los políticos, los medios de comunicación o la publicidad, que sugieren que podrían satisfacer la totalidad de sus deseos. Estos frustrados, que no han entendido que para crecer y volverse autónomos había que renunciar a la satisfacción de todos sus deseos, adoptarán a continuación el papel de víctimas, y algunos reclamarán incluso judicialmente compensaciones económicas para reparar daño de no haber sido satisfechos.

Esta evolución ayuda a entender por qué las demandas de ayuda psicológica se han transformado tanto: ya no se demanda una terapia que permita conocerse mejor, sino ayuda para luchar contra el infortunio del momento. Por eso, el psicoanálisis se ha visto progresivamente suplantado por terapias breves y, en particular, por las terapias cognitivo-conductuales, que proponen a los pacientes soluciones rápidas para resolver los síntomas que les impiden acceder a la felicidad a la que creen tener derecho. Ahora, las psicoterapias deben ser cortas y carecer de esfuerzo; y sus objetivos consisten sobre todo en la supresión de las inhibiciones, la gratificación inmediata de las pulsiones y la solución rápida del malestar interior. Cualesquiera que sean los métodos de estos consejeros, sus recomendaciones consisten en aumentar la «autoestima» y en disminuir la dependencia con respecto a los demás. Lo que equivale a preconizar todavía más narcisismo y menos compromiso. Es un paso más en la guerra de los egos.

El *coaching* y las nuevas terapias no se proponen otra cosa que convencer a la persona de su propio valor, ayudándola a satisfacer sus necesidades afectivas. No le enseñan a subordinar sus necesidades e intereses a los del otro. El objetivo del *coaching* es, al principio, acompañar a una persona para permitirle «desarrollar su potencial»: se promete conseguir que uno sea más «eficiente», sin pasar por largos años de aprendizaje o de terapia. Se trata de adaptarse a los defectos de nuestra sociedad, evitando cualquier cuestionamiento demasiado perturbador.

Por ejemplo, en un mundo de manipuladores, tenéis que aprender a contramanipular; o bien, si desesperáis por vuestra soledad, se os dan recetas para ser técnicamente más eficaz en vuestros encuentros. Se trata pues de un curso de cambio de imagen afectiva, para aprender a ofrecer una mejor imagen. Muchos también esperan de una psicoterapia que consiga allanar su especificidad para permitirles integrarse en un grupo. A través de estos métodos acelerados, uno aprende a amarse lo suficiente para no tener ya necesidad de los demás, aun cuando, para autoestimarse, se necesite sin embargo la mirada aprobadora del otro.

Por doquier, se nos habla de autoestima. Pero, fascinado por su propio cuerpo, el hombre se ve confrontado a su propia impotencia. Hace de sí mismo su propio ídolo y un objeto de goce. Sin embargo, un verdadero trabajo terapéutico debería llevar a que nos aceptáramos simplemente como seres humanos imperfectos y frágiles, a admitir que no somos superhombres. Pero la mayoría de las nuevas terapias nos alientan en la ilusión de la facilidad del «siempre más». Cuando es necesario tener valor para atreverse a aceptar las propias vulnerabilidades y fragilidades, y no tener miedo a una depresión eventual, para poder salir mejor a flote luego. Hay que aceptar que no somos más que individuos «medios» y que lo importante es, en primer lugar, trabajar por convertirse en alguien «de provecho». Los terapeutas deben enseñar a sus pacientes a proponerse objetivos realizables, porque si son desmesurados, eso sólo puede conducirles a una duradera depresión si fracasan.

En nuestra época de certezas, los medios de comunicación suelen hacer creer que la vida podría ser fácil y estar exenta de sufrimiento. Pero es imposible tener una vida sin tropiezos ni dificultades. Buscando sin descanso una felicidad perpetua, sin ningún sufrimiento, se corre el riesgo de privarse asimismo de cualquier alegría real. Es lo que pone de manifiesto el neurólogo Hervé Chneiweiss: «¿Debe desterrarse el sufrimiento en cualquier tiempo y lugar en nombre del derecho a la dicha personal y la necesaria moderación de los sentimientos, no sólo a los ojos de los demás, sino igualmente a los propios ojos, en nombre del derecho permanente al bienestar?».[10]

El hecho de dudar y ponerse en cuestión, que debería ser el síntoma de una buena salud psíquica, se considera cada vez menos como un valor positivo. ¿Quiere eso decir que cualquier interrogación que promueva la reflexión y la creación, eventualmente dolorosa, debería estar proscrita? Vemos así que el discurso dominante deja poco lugar a la soledad elegida.

En la misma línea de eficacia con el menor esfuerzo, los manuales de «desarrollo personal» multiplican los consejos para administrar las emociones, para mejorar la relación con el otro y «desarrollar los potenciales». Las sectas aprovechan por otra parte esta necesidad de guía para proponer toda una floración de cursillos de «reconstrucción personal» o de formación en pseudopsicoterapia. La ausencia de referencias vuelve en efecto a algunos individuos extremadamente manipulables: su identidad es flotante, y estas personas frágiles tienen una íntima necesidad de asistencia. Necesitan que se les tranquilice con una verdad absoluta, lo que puede llevarlas a convertirse en víctimas de un grupo sectario.

Pero este narcisismo de la inquietud, lejos de ser alegre o liberador, es a menudo sinónimo de un repliegue sobre uno mismo frente al miedo que suscita el mundo: miedo del otro, miedo al paro, miedo a las agresiones, miedo a la enfermedad, miedo a la vejez, pero sobre todo miedo a no ser «válido». Cuando la buena autoestima depende en primer lugar de la admiración que se inspira en el otro, el fracaso o el envejecimiento abocan a la tristeza y la soledad. Entonces, es grande la tentación de replegarse sobre sí mismo o de buscar compensaciones amorosas. Para esta última vía, las páginas de encuentros en Internet, cuyo carácter ilusorio ya mencioné, se han convertido en un recurso casi obligado, cuyo éxito merece dar un rodeo.

CAPÍTULO 9

Las páginas de encuentros en la Red

Lo siento, no es lo que había solicitado. ¡Hasta la vista!

Un Meetic boy

DEL *CHASSEUR FRANÇAIS* A MEETIC

En Francia, los primeros anuncios matrimoniales aparecieron a finales del siglo XIX, y el periódico de anuncios más conocido era *Le Chasseur français*. En tales anuncios, lo que se buscaba principalmente eran uniones basadas en criterios materiales. Por ejemplo, después de la última guerra, numerosas viudas estaban dispuestas a muchas concesiones para encontrar un marido: era un arreglo para no quedarse solas y, si luego surgía el afecto o el amor, pues mejor.

En la década de 1980, apareció el Minitel con sus anuncios, pero pronto se transformó en una caja de fantasías y los encuentros giraban sobre todo en torno al sexo. Tomando el relevo de los pequeños anuncios del *Nouvel Observateur*, surgieron a continuación los supermercados del encuentro, como los *speed dating* o el *turbo dating*, destinados a los ejecutivos agobiados para facilitarles una pareja «preparada para ser conquistada» en una sola noche. Lafayette Gourmet organizó incluso «jueves de ligue» para encontrar el alma gemela entre un elenco al alcance de la mano. Las nuevas ofertas de encuentro para los solitarios urbanos se multiplicaron, enfocadas fundamentalmente a la franja de edad comprendida entre los 20 y los 40 años.

Quizá porque se mudó a París, donde no conocía a nadie y sólo encontraba a hombres casados, Sarah, de 32 años y funcionaria, probó diferentes modos de encuentro, como las cenas elegantes en las que sólo se admite a quien ha pasado un auténtico *casting*, los cursos de cocina para solteros a los que sólo asistían jóvenes mujeres extranjeras o los viajes para solteros en los que no se hablaba de otra cosa que de sexo. Cansada, optó por la resignación: «¡Veo avecinarse el espectro de un futuro sombrío en una espantosa soledad!».

Pero nunca hubo tantas posibilidades de encuentro, tantas páginas que ofrecieran, mediante pago, la posibilidad de encontrar un alma gemela, como a finales de la década de 1990, con Internet. El mercado de encuentros en la Red se convirtió en un negocio floreciente: creada en 2001, la página *web* más conocida en Francia, Meetic, entró en Bolsa en octubre de 2005, con una cotización de... ¡356 millones de euros! Presente en trece países europeos y disponible en nueve lenguas, Meetic reivindicaba en 2006 cerca de 17 millones de inscritos desde su creación, de los que 5 millones vivían en Francia. Entre los competidores, los más conocidos son Match.com y netclub.com. Otras *webs* tienen en cuenta las especificidades religiosas, sexuales o regionales...

Mientras que las personas que recurrían a las agencias matrimoniales lo hacían con mucha discreción, ahora la participación en una página de encuentros se ha vuelto trivial e incluso se ha puesto de moda. Entre amigos, se intercambian las direcciones de las mejores *webs*. En nuestro mundo de hipercomunicación, al escasear las ocasiones para establecer relaciones con individuos de otros medios, los encuentros por Internet responden a una necesidad que la vida social ya no permite satisfacer. Se acude a esas páginas para establecer un encuentro y, si es posible, una relación íntima. Teóricamente, se facilita el acceso a los solteros del otro sexo, y también del mismo.

Las páginas de encuentros se jactan de reunir a millares de solteros, pero sus cifras no pueden considerarse fiables, porque incluyen a personas casadas (sobre todo los hombres) que buscan una aventura paralela, a otras que abren varias fichas con apodos diferentes o que permanecen inscritos pero ya no frecuentan la página. Según una encuesta realizada en 2004 en Estados Unidos sobre los comportamientos de los usuarios de estas páginas,[1] su perfil medio es el siguiente: entre 25 y 45 años, con estudios universitarios y nivel de vida medio o alto. Aun cuando el 65 % de los inscritos son hombres, las mujeres constituyen la mitad de los miembros activos (porque muchos hombres, si no reciben respuesta, renuncian sin desapuntarse). Esta encuesta nos enseña igualmente que los hombres inician el 73 % de los contactos y reciben una respuesta como media en el 18 % de los casos. Las mujeres sólo inician el contacto en el 25 % de los casos, pero casi siempre reciben respuesta.

Lo que explica el éxito de esta forma de acercamiento es, en primer lugar, la simplicidad y el anonimato. Basta con tener acceso a un ordenador y, si es posible, una conexión ADSL, para poder «jugar». En efecto, tiene un aspecto lúdico que se asemeja a un flirteo sin demasiado riesgo. Se acude a Internet porque es fácil, anónimo y económico. Es ideal para los tímidos que no saben ligar, y es accesible a cualquier hora del día y de la noche, incluso se puede chatear en pijama. De entrada sirve como pasatiempo para entretener la soledad, pero rápidamente puede convertirse en una adicción. Son las personas que tienen dificultades para comunicarse en la verdadera vida, con los métodos tradicionales de comunicación, los que corren el mayor riesgo de caer en esta dependencia.

El encuentro en línea permite controlar la propia imagen, las palabras, las confidencias; se evita la emoción ligada al cuerpo y, sobre todo, se puede dejar la relación en cualquier momento sin tener que dar cuentas a nadie, porque muchos de los inscritos no tendrá el valor de pasar a un verdadero encuentro. El anonimato permite ocultar, tanto ante los otros como ante uno mismo, las debilidades y vulnerabilidades. Se puede construir un personaje, convertirse en una imagen, volverse virtual uno mismo. Hay quienes lo viven como un juego: «En lo que dura una velada, puedo tomar prestada otra identidad, volverme otro». Existe una complicidad, una connivencia, sin asumir el riesgo de la verdadera relación. El chat es así, a menudo, un juego de libertinaje con confidencias íntimas y proposiciones atrevidas que pueden conducir al cibersexo.

Al comienzo, los hombres eran mayoritarios en las páginas de encuentros y las mujeres que se conectaban no tenían más apuro que el de elegir. Sólo tenían que evitar los anuncios puramente sexuales. Luego las cosas cambiaron; hombres y mujeres son numerosos, y las mujeres no dudan en poner un anuncio para encuentros puramente sexuales. Los encuentros por Internet producen una especie de aceleración en el establecimiento de la pareja que, en los encuentros tradicionales, se hacía mucho más paulatinamente. En estas páginas, las mujeres son exigentes y los hombres impacientes. Se enamoran muy pronto y quieren rápidamente un compromiso por parte de la mujer. En cambio, cuando las cosas no van como quieren, desaparecen con rapidez.

Basta con un clic

Para encontrar una pareja, basta con tener el impulso para inscribirse. Luego, todo es muy simple, demasiado simple. Se rellena un formulario para describirse brevemente y, si uno quiere, añade su foto. Por supuesto, como no hay, excepto en algunas páginas, ningún medio de control de los datos, es grande la tentación de efectuar un pequeño *lifting* para aumentar las oportunidades. Los hombres mienten sobre su edad, su profesión, su dirección (evitan algunas periferias) y su nivel cultural (todos asisten a los conciertos y han visto todas las exposiciones de pintura), e incluso sobre su situación matrimonial. Tal es la experiencia de Emma, de 34 años, gerente de una tienda:

> Los hombres saben maquillar la realidad: un hombre decía que estaba separado cuando, de hecho, simplemente dormía en habitaciones separadas con su mujer; otro decía que él y su mujer dormían aparte cuando tenían la misma cama pero con colchones separados.

Las mujeres también mienten sobre su edad, su origen social y su nivel cultural. Estas mentiras institucionalizadas suscitan la desconfianza y un riesgo de cinismo: «Ya que engañan, ¡voy a hacer lo mismo!». Al describirse, se tiende a proyectar un ideal de uno mismo más que una realidad, lo que resulta un obstáculo para una verdadera relación. Casi todos intentan poner por delante valores de apariencia y no sus cualidades morales. Es interesante ver cómo muchos intentan disimular una particularidad que les avergüenza o bien que creen que les supondrá una desventaja. Todas estas falsedades provocan un desencanto. Esto es lo que escribe un hombre de 51 años en su ficha de una página de encuentros:

> El año acaba, es la hora del balance y sigo solo. La razón es, en parte, que me he ocupado de otros asuntos. Pensaba que las mujeres merecerían mi atención, pero la experiencia de las páginas de Internet me prueba lo contrario. Perpetuas mentiras sobre vuestra edad, vuestra foto y también vuestro «vosotras». Por lo cual me he cansado de estas falsedades incluso antes del encuentro. He reflexionado. Después de todo, no estoy tan mal solo, y prefiero seguir estándolo antes que enfrentarme a la falta de honestidad y la hipocresía. No soy un amargado, sino simplemente lúcido. No dejaré de moverme, salir, hacer deporte y aprovechar esta vida maravillosa que, sin embargo, habría sido mejor en pareja.

Una vez que se pone en marcha el juego, teóricamente se puede contactar con decenas, e incluso centenas, de candidatos. Ante semejante multitud, ¿cómo destacar sobre los demás para que alguien se fije en uno? Buscar una pareja es cronófago, porque la mayoría de los internautas dicen que necesitarían una o dos horas diarias para chatear y responder a los mensajes. Teóricamente, así se puede encontrar gente que nunca se habría encontrado de otra manera, pero, de hecho, una preselección lleva a hacer una criba y descartar las personas que no se interesan en las mismas cosas que uno.

Y sobre todo —aun cuando se ponga la foto—, lo que permite soñar es que el cuerpo está ausente. En el modo de encuentro «a la antigua», la prueba de la realidad intervenía mucho antes: primero estaba el cuerpo, una postura, una mirada, una emoción. Ahora hay una rápida intimidad mediante el intercambio de confidencias, y el cuerpo sólo viene después. En Internet, los contactos son de entrada familiares, con un rápido tuteo. A través de los chats, los intercambios se vuelven pronto muy personales. Los más jóvenes multiplican los foros y las comunicaciones con Webcam, mientras que los más mayores, menos a gusto con las nuevas tecnologías, prefieren los verdaderos encuentros con mayor rapidez. Muchos dicen haberse entusiasmado en intercambios por mail o por teléfono, y haberse luego decepcionado cuando llega el encuentro con esa persona a la que habían idealizado.

Cuantos más encuentros se tiene, más aprisa se va al establecimiento de la intimidad: no hay tiempo que perder, hay que racionalizarlo. Las encuestas han mostrado que, si el primer contacto es satisfactorio, puede darse un acto sexual ya la primera vez. Porque no hay que creer que el Amor con una A mayúscula sea la meta última de estas páginas de encuentros: muchos buscan únicamente sexo. Incluso hay verdaderos cazadores (y algunas amazonas) que multiplican los encuentros de una sola noche, y que, tras haber consumado el acto, pasan a otra presa. Uno de ellos ha contado en su *blog* cómo, en un año, había acabado en la cama con veintisiete mujeres de las cincuenta y dos que encontró gracias a Meetic: su *blog* se convirtió en un libro que describe sus métodos de caza y sus prestaciones.[2] E incluso los que buscan eventualmente un «verdadero» encuentro se contentan con una breve aventura sexual cuando el contacto no es totalmente satisfactorio. De manera general, en los contactos en la Red, se empieza por la sexualidad y luego, eventualmente, se pasa a la relación.

> Tras un divorcio y dos tentativas de pareja, seguidas por cuatro años de soledad afectiva y sexual, Emma se inscribió en una página de encuentros. Dijo que, durante los tres primeros meses, tan sólo buscaba sexo. Lo hacía con frenesí, se conectaba todos los días y chateaba mucho, conocía a montones de hombres y se lo pasaba muy bien. También se dirigía a las páginas de discusión, en las que hablaba de amor y de sexo. Acomplejada por su exceso de peso, cree que si pidiera una verdadera relación, los hombres huirían corriendo: «¡No es para mí!».
>
> Carece de toda ilusión sobre este tipo de encuentros: «Cuando se mira lo que hay en el mercado, están los que acaban de clausurar una historia conyugal difícil y no tienen ganas de volverse a meter en un nuevo lío, y están los ligones. Cuando en el anuncio un hombre habla de honestidad es que está casado.» A los hombres, Emma les pide poco: sexo y ternura. No pide fidelidad sexual. «¡Cuando un hombre comprende que no se lo va a invadir, se vuelve respetuoso!» Lo que le gustaría es «formar un equipo» con un hombre.

La proximidad entre la toma de contacto y el paso al acto sexual abocan a una trivialización del sentimiento. La facilidad de los encuentros y la rapidez de la intimidad de los cuerpos se oponen a la necesaria idealización para la amplificación de los sentimientos amorosos. Y se llega a continuación a discutir las metas de la pareja: instalarse juntos, tener un hijo. No hay tiempo que perder, la compensación por la inversión debe ser lo más rápida posible. Se ha invertido tiempo, dinero y esfuerzos por un encuentro; es necesario que todo vaya aprisa y con el menor coste. Célia, de 36 años, soltera:

> La primera persona que conocí gracias a esta página de encuentros me sorprendió enormemente: de buenas a primeras, este hombre me dijo que prefería que nos viéramos en una plaza, porque ya había tenido que pagar una copa, e incluso una o dos veces una cena, a mujeres con quienes no había funcionado, y eso resultaba caro. Ya no tenía ninguna gana de despilfarrar...

¿Qué es lo que se busca? Un encuentro amoroso, desde luego, pero también una pareja que posea criterios sociales complementarios o una complementaridad de las prácticas sexuales. Tras la palabra amor, se ocultan efectivamente realidades muy diferentes: el amor pasional, el amor legalizado conyugal, el amor libre, etc. Con toda claridad, la cotización de la tranquila felicidad doméstica está en declive. Muchos esperan el «flechazo», entendido como un encuentro fundado ante todo en la sexualidad. Ahora bien, una pareja, para funcionar bien, tiene desde luego necesidad de una actividad sexual satisfactoria, pero también de una admiración mutua, de una buena comunicación y de compartir polos de interés comunes.

Muchos quieren amor sin dar nada a cambio y, con toda evidencia, acaban decepcionados, porque no obtienen lo que habían soñado. Si no «funciona» como esperaban, van a buscar a otro lado a alguien que sabrá amarles mejor, sin que, no obstante, se les ocurra ponerse a sí mismos en cuestión. Podrán así saltar de objeto en objeto en una persecución infinita. La exigencia terrible de algunos solteros y algunas solteras en Internet es por eso una forma de no encontrar a nadie. En particular, muchas mujeres no quieren abandonar un ideal de superhombre: «Busco, pero ¡no existe nadie a mi altura!». Otras se instalan en el lamento y el rechazo de sí mismas: «No soy interesante, ¡soy fea!». Estas personas se imaginan que, cuando encuentren a la persona adecuada, podrán parar y descansar. Y, claro está, es una decepción. Tienen que «suministrar» aún más, estar disponibles, ser seductoras... Esto es lo que dice Catherine, de 62 años, recientemente divorciada:

> Me inscribí en una página de encuentros, pero ya me desanimé, ya que sólo los gordos, los bajos, los feos, o bien hombres muy jovencitos, se interesan por mí. Quieren chatear, pero yo no tengo ganas de perder mi tiempo en conversaciones que no llevan a nada. Cuando envío mensajes a los hombres que podrían gustarme, nadie muerde el anzuelo. Tendría que ser agresiva para tener más contactos, pero no sé ligar, no sé seducir. No tengo la suficiente necesidad como para querer a alguien a cualquier precio.

Ocurre que nuestros pacientes se lamenten por no encontrar a nadie, cuando, al estar fijados en un traumatismo anterior, no están de ninguna manera disponibles para otro, cualquiera que sea: dan vueltas en rondondo alrededor de su narcisismo. Para conocer a alguien, tendrían que aprender a hacerse disponibles, realizar el duelo del pasado, pasar la página de una separación o de un divorcio, separarse de su padre o de su madre.

En cierto modo, la figura del Don Giovanni de Mozart está más que nunca de actualidad. Pero ya no se trata de una larga lista de papel que enumera las mil y tres mujeres seducidas en Europa: ahora es un listín informático que agrupa efímeros encuentros por el mundo.

Las parejas desechables

Porque si en Internet se crean rápidamente lazos, se desanudan con la misma celeridad. La gente se conforma con ellos, porque llena inmediatamente su vacío con una nueva relación, igualmente efímera. Si la relación no dura, se atribuye la responsabilidad al otro, que no era «adecuado» a lo que se esperaba, que no «produjo satisfacción». El peligro de este tipo de encuentro consiste en acentuar una de las características de nuestra época de lo utilitario y lo efímero: se corre el riesgo de instrumentalizar completamente al otro, de tratarlo como objeto del que se disfruta mientras resulta útil y que se desecha cuando ha dejado de gustar o de ser rentable. Así es como una de mis pacientes se sintió especialmente humillada cuando, durante un primer encuentro con un hombre contactado en una página de contactos, éste le dijo: «Lo siento, no es lo que había solicitado. ¡Hasta la vista!».

En caso de incumplimiento, se cambia de objeto. La disponibilidad teórica de cientos, e incluso miles, de parejas disponibles permite materializar así una fantasía de omnipotencia, pues basta con hacer un clic para encontrar muchos hombres o mujeres dispuestos a dar su amor. Como siempre es posible pensar que el próximo encuentro será el «bueno», a la menor dificultad en el establecimiento de la relación puede ser tentador renunciar, pararlo todo para volver a comenzar de cero con algún otro. En una relación virtual, es fácil desengancharse: siempre se puede presionar la tecla «suprimir». No se hace el esfuerzo de construir una relación, con todas las dificultades que eso implica. Es lo que confiesa Émilie, de 31 años:

> Cada vez que conozco a un hombre, cuando me doy cuenta de que no se corresponde con mis expectativas, rompo. Luego lo añoro y siento nostalgia de lo que habríamos podido hacer juntos.

En este modo de encuentro, la elección consciente está en primer plano: busco a un hombre alto, rico, de profesión liberal; o a una mujer pequeña, rubia, refinada... Pero es para enmascarar mejor la elección inconsciente. Una dificultad que las nuevas páginas, como Ulteem —lanzada por Meetic a finales de 2005 y dirigida a los «seniors» *(sic)* de entre 35 y 50 años—, están lejos de resolver. En esas páginas se proponen tests psicológicos sucintos que se considera que permiten hacer un ajuste de personalidades para llevar a cabo una «preselección». Pero incluso sucede lo contrario porque, si las discordancias entre lo que se desea conscientemente y los deseos inconscientes existen en cualquier encuentro, este fenómeno se acentúa en los encuentros por Internet: la relación con el otro ya no pasa por la criba pretendidamente racional de la «ficha de perfil», que elimina toda subjetividad y mantiene la ilusión procurada por la psudoeficacia del fichaje previo.

Así se puede no parar nunca de buscar, y veremos que algunas personas, persiguiendo una relación, permanecen inscritas varios años en las páginas de encuentros. En efecto, comprometerse significa igualmente cerrar la puerta a todos los demás encuentros posibles, que podrían permitir una realización personal más plena. El peligro consiste entonces en convertirse en un consumidor de encuentros, sin comprometerse nunca verdaderamente en una relación. Porque muchos parecen haber olvidado que el verdadero amor necesita que se corran riesgos, una inversión sin garantía de éxito. Se dice: «¡Tengo que encontrar a alguien!». Pero, para conocer a alguien que nos exalte, es necesaria una disponibilidad afectiva: no se puede producir amor por encargo.

Construir una pareja a largo plazo exige esfuerzo. Pasada la fase de exaltación amorosa, reaparece el espíritu crítico. Si se persiste en el uso utilitarista del otro, la acumulación de contrariedades conduce muy rápido a la ruptura. Mientras que una actitud menos cerrada sobre uno mismo puede permitir el refuerzo del vínculo en torno a valores compartidos o la realización en común de actividades y proyectos. La pareja es también el hábito y la comodidad de estar con alguien, de dormir con un cuerpo, de experimentar su calor. No es poca cosa: eso puede dar impulso para toda la jornada. Como decía Léo Ferré, son las palabras de la gente humilde: «¿Has dormido bien?».

Para encontrar al otro, habría que dejar de protegerse, no temer mostrar la propia vulnerabilidad, saber mostrar que se necesita ser ayudado o consolado, abandonar nuestras certezas y, sobre todo, nuestras exigencias. Habría que aceptar las sorpresas del amor. ¿Acaso no se dice «caer» enamorado? Eso implica una sorpresa, el hecho de que uno no se lo esperaba. Pero, con demasiada frecuencia, tememos perder nuestras ilusiones o nuestro dinero, ser rechazados, y preferimos entonces ser racionales y fingirnos inconmovibles.

Podemos perdernos al multiplicar las posibilidades. También podemos, como el asno de Buridan, quedar paralizados y ya no elegir nada. Algunos, fatigados por tener que elegir, eligen así más o menos conscientemente renunciar. Es la paradoja de los encuentros en Internet: pretendiendo facilitar los contactos, pueden favorecer la reclusión y la retracción. Para estar menos solo, uno se aísla todavía más delante de su ordenador, pasa las noches chateando y dejando de lado las demás actividades sociales.

UNA SELECCIÓN DRACONIANA

En las páginas de encuentros, se habla fundamentalmente de amor romántico, e incluso los que practican el *zapping* relacional mencionan en sus anuncios el sentimiento amoroso. Pero a pesar de estos discursos, la búsqueda de un compañero se hace ahí de un modo pragmático y racional. Esto es lo que escribe en una página de encuentros un hombre con dificultades profesionales y que busca una mujer con buenos ingresos, de la que espera que pueda ayudarle a salir de sus dificultades materiales:

> Lo que espero de una relación hombre/mujer es una relación fusional, el estado de gracia que hace que todo lo que se ha vivido antes parezca irrisorio en comparación con la ola de felicidad que nos sumerge: no dormir, no comer, estar poseído por el otro y amar esa posesión.

En realidad, la búsqueda es la de una unión de conveniencia, que recuerda las del pasado, pero ha de parecerse al gran amor, porque las uniones razonables se presentan como lotes de consolación, una forma de planificar la propia vida muy alejada del sueño de la pasión amorosa que haría olvidar el caos de este mundo. Las elecciones se hacen según criterios racionales, prácticos e incluso cínicos. Lo que se busca es menos una complementariedad afectiva y emocional que práctica y social. Por ejemplo, una mujer de 40 años que disfruta de una buena situación buscará a un hombre de situación más modesta pero que esté bien dispuesto a tener un hijo con ella. Las asociaciones se llevan a cabo entre personas procedentes de un mismo medio social, con un nivel cultural compatible, o que tengan objetivos complementarios, por eso se menciona a menudo el ocio y lo cultural: la prioridad es poder «hacer cosas» juntos, actividades de fin de semana, ir al cine o al teatro.

Queremos creer en un amor desinteresado, pero cualquier relación presenta un aspecto comercial. Aun cuando se antepongan los sentimientos, se trata de un intercambio, como antes lo era la alianza de la mujer en el hogar con un hombre protector. Pero actualmente el mercado del intercambio ha cambiado y a las mujeres no siempre les sale a cuenta, porque los hombres apenas ya son protectores.

La selección se hace entonces según criterios que se asemejan a la selección de un currículo para una primera entrevista de empleo. Algunos tienen un aspecto muy frío y no se esconden: «Es como para una contratación profesional, ¡hay que utilizar los mismos procedimientos!». Proponen por tanto verificar previamente el estado del mercado y luego rentabilizar su inversión, porque la mayoría de las páginas son de pago para los hombres. Hay que conocer al máximo de candidatos que se correspondan con los criterios adecuados en un mínimo de tiempo. Se busca una relación de mano a mano, o más bien, como suele decirse en el mundo de la empresa, de ganador a ganador. Esto es lo que dice Laurent, de 45 años, durante los primeros intercambios en una página de encuentros por Internet:

> Estás muy ocupada profesionalmente, pero ¡espero al menos que estés dispuesta a liberar un poco de tiempo para la construcción de una pareja!

Lo que podemos traducir como: «Si tú no renuncias lo bastante a tu trabajo, ¡ni siquiera vale la pena proponerse una relación!». Como en la vida profesional, la enorme presión que se ejerce obliga a los individuos a venderse permanentemente, como productos estándar y sustituibles. Uno no se presenta aquí como un individuo único, sino como una mercancía que habrá que hacer valer mediante una atractiva presentación o un envoltorio seductor para que encuentre un comprador. Se pone así en marcha un *casting* despiadado, que lleva a discutir, con la pericia de un consumidor enterado, las cualidades y los defectos de la pareja que se ha «encontrado» en Internet. Léa, de 34 años, divorciada y con dos hijos, informática:

> En mi búsqueda en Internet, me desanimé de antemano. La competencia es tan áspera que no veo por qué se me habría de elegir entre otras. Jugué al juego un momento, pero no funcionó. Estoy harta. No puedo estar en todos los frentes: en el trabajo, donde en este momento debo encontrarme en alerta continua, en casa, donde mis hijos son difíciles, y en una página *web*, donde tendría que presentarme como la mujer ideal.

Hay que presentar un aire dinámico, y entonces se puntúa el anuncio con signos de exclamación que, al parecer, indican entusiasmo. Los hombres anuncian sin tapujos su necesidad de una mujer que se ocupe de sus hijos cuya custodia han conseguido: «Soy un hombre recientemente divorciado, y la reconversión en papá gallina ¡no es fácil! ¿Quién quiere ayudarme?». Las candidatas pierden su especificidad: en un tropel de mujeres de menos de 40 años, habrá el subgrupo de las que ya tienen hijos, otro de las que quieren tenerlos, habrá las morenas, las rubias... Pero, en el fondo, ¿qué es lo que hará que un hombre vaya a contactar con una y no más bien con otra? Simplemente la que esté ahí primero. Por tanto, para tener una oportunidad de que se fijen en ella, esta mujer deberá conectarse y chatear con la mayor frecuencia y durante el mayor tiempo posible. Al igual que la búsqueda de un empleo es una ocupación a tiempo completo, la búsqueda de una pareja en Internet absorbe mucho tiempo. Algunas personas están conectadas permanentemente, a la búsqueda de la perla rara.

> Tras su divorcio hace dos años, Diane, de 32 años, se extenúa en hacer malabarismos entre su trabajo y la educación de sus tres hijos. Se siente frustrada por vivir en un apartamento demasiado pequeño y por tener que recortar gastos. Entonces, por supuesto, privilegia en sus búsquedas la posición profesional y social de los hombres que conoce. Quizá Jacques no sea siempre muy excitante, pero sus excelentes ingresos le permiten mejorar sus condiciones de vida y trabajar menos.

Al mismo tiempo, la vida se le ha puesto difícil a las representaciones tradicionales. Las mujeres siguen buscando hombres viriles, firmes, superiores, con todas las características del machismo que, sin embargo, ellas denuncian. Y la decepción es con frecuencia su precio, como dice Chloé, de 40 años, psicóloga:

> Los encuentros por Internet pueden funcionar, pero no para mí. Soy demasiado crítica. Fantaseé con un hombre que me haría soñar, pero perdí mis ilusiones en los hombres en general y en el hombre de mi vida. No tengo ya la capacidad de ilusionarme conmigo o con los demás. Los hombres son demasiado directos: «Ven a mi casa, te llevaré en mi avión y verás mi propiedad en la Turena y mi jardín». Me importan poco su casa de campo o sus proezas sexuales. Yo sólo quiero un hombre que se presente como hombre y que me acepte tal como soy.

En cuanto a los hombres, muchos se muestran muy precisos sobre sus atracciones físicas:

> Muy atraído por las mujeres con buen tipo, incluso negras o mestizas, busco a una mujer con curvas mullidas.

Y una gran mayoría de hombres prefiere mujeres más jóvenes, a veces incluso marcadamente más jóvenes. Por ejemplo, un hombre de 56 años precisará que busca una mujer de menos de 30 años. Quienes se acercan a la edad de la jubilación buscan fundar una familia y esperan pues encontrar una mujer que no tenga más de 40 años y presente todos los atributos clásicos de la feminidad.

> Antoine, de 53 años, viene a consultar sobre los consejos de su generalista para trastornos ansiosos que se traducen en pequeños malestares psicosomáticos. Directivo en una sociedad de servicios informáticos, fue despedido hace cuatro años y, tras búsquedas infructuosas, se decidió a instalarse como consultor. Desgraciadamente, el trabajo no marcha bien y tiene dificultades a fin de mes.
>
> Como tiene tiempo libre, se inscribió en varias páginas de encuentros: divorciado desde hace cinco años, le gustaría encontrar una mujer con quien recorrer parte del camino. En cuatro años, dice haber conocido a más de doscientas mujeres, pero no ha encontrado a la que le convendría verdaderamente. Se lamenta de que las mujeres ya no sean femeninas: «El 90% de las mujeres en las páginas *web* no son femeninas, y las otras ¡son demasiado caprichosas o exigentes!». Cuando se le pregunta qué es para él una mujer femenina, se asombra: «¡Cualquiera lo sabe! Una mujer femenina es como mi ex mujer, que nunca se mostraba sin maquillarse, peinada, con joyas y tacones altos, incluso en casa».
>
> Aunque las mujeres que encuentra no coincidan con sus criterios, tienta la suerte con ellas y, una vez de cada diez, funciona desde la primera noche. Pero es raro que la relación continúe. En un par de ocasiones, mantuvo una relación de algunos meses, pero la última mujer era tan autoritaria y exigente en las pequeñas cosas cotidianas y la fidelidad que prefirió romper. Tras cuatro años de búsqueda, se lamenta de seguir solo.

Exigencias y bloqueos

Esta pesca del amor podría ser lúdica, pero sólo lo es muy raramente. Todo el mundo se jacta de sus méritos, intenta venderse, se esfuerza por ser jovial y atractivo, aun cuando la búsqueda de una pareja en una página de encuentros se revele con frecuencia tediosa. Por eso, para desembarazarse de este «tributo», algunos quieren ir rápido. Así, un hombre escribe en su anuncio: «¡Estoy separado desde hace tres meses y me doy otros doce para encontrar una nueva compañera!».

Para esta búsqueda, cada uno se reviste con un caparazón protector: empleo del tiempo sobrecargado, dureza del mundo laboral... Ahora bien, un encuentro amoroso no se hace sobre las cualidades anunciadas en línea, sino sobre una pequeña brecha que permitiría aproximarse al otro, una brecha a menudo ligada a una emoción de la infancia, a una debilidad. Sería necesario poder abrirse, pero los bloqueos predominan con frecuencia, como declara Catherine, de 62 años:

> Porque hay montones de cosas que no me atrevo a hacer desde que estoy sola, por consejo de mis amigas me inscribí en una página de encuentros. Pero no siempre contesto a los mails, porque me da miedo. Como diría el Principito, crear vínculos es difícil. No me siento capaz, por eso me busco buenas excusas para dejarlo para más tarde: cuando haya terminado los trabajos en mi casa, cuando mis nietos sean mayores... Pero, por supuesto, cuando haya arreglado todo eso ¡seré demasiado vieja!»

Entre los más jóvenes, es: «Busco a alguien para pasar buenos momentos, para tener encuentros amistosos y, por qué no, también amorosos». No hablan de compromiso, aun cuando puntualicen a menudo que su proceder es «serio». A partir de los 30 años, la petición es más precisa: se antepone lo que se es y un poco menos lo que se busca. A partir de los 50 años, se percibe la desconfianza por detrás de la exigencia: no se trata de compartir las adversidades de la vida, sino sólo los buenos momentos. Las propuestas de proyectos comunes se sitúan sobre todo en torno al tiempo libre, las vacaciones y los fines de semana, como si la vida cotidiana no pudiera ser en absoluto atractiva. Algunos internautas se identifican incluso por el grupo de distracciones en que ellos se inscriben. Un hombre cuyo apodo es Golf-250 (lo que puede significar que ha tenido otros doscientos cincuenta apodos llamados Golf) dice que sólo contactará con las mujeres que jueguen al golf. Ninguna otra especificidad de una pareja eventual retendrá su atención.

Otro factor de bloqueo: el culto a la apariencia. En Internet, como en la verdadera vida, la apariencia se ha convertido en la baza principal para triunfar. Es preferible ser guapo o al menos atractivo, parecer feliz, realizarse en el trabajo y tener hijos que no planteen problemas. Igualmente es preferible tener buena salud, ser delgado pero no demasiado, no ser fumador (el tema tabaco hay que especificarlo en la ficha de presentación), beber alcohol con moderación y hacer deporte. Se establece así una desigualdad social para la belleza y la salud que se traduce en una segregación de cara al encuentro por Internet, y una desigualdad ante la soledad.

Estas exigencias de belleza y salud paralizan a algunos ante la búsqueda de una pareja: «Soy imperfecto/a, por tanto ¡no puedo interesarle a nadie!». Sin embargo, esta misma persona que duda de su capacidad de seducción no estará dispuesta a abandonar sus exigencias en la elección de una pareja. Espiamos en el otro, pero también en nuestro espejo, los primeros síntomas de decadencia: «¿Acaso no podré estar a la altura de lo que se espera de mí?».

Todos estos bloqueos explican el balance más que moderado de las páginas de encuentros, donde la mayoría de las veces la regla es, más que el éxito, la frustración nacida de la búsqueda malograda. Aun cuando, a veces, «funcione», como en la experiencia de Sonia, con 45 años y dos hijos:

> Un año después de su divorcio, decidió que ya estaba bien de permanecer sola y se inscribió en una página de encuentros. Como se había sentido insegura toda su vida, especificó en su anuncio que buscaba un hombre estable, que le proporcionara una cápsula de sosiego. Sabía exactamente lo que quería y no se entretuvo en chatear cuando el hombre no se correspondía con sus criterios. No se dejaba llevar si el otro no tenía la suficiente disponibilidad.
>
> Cuando conoció a Thierry, le habló inmediatamente de sus sueños: le gustaría una vida apacible en una casa de donde no se moviera. Eso sentó

bien: él era casero y buscaba a una mujer que organizara su vida cotidiana, ya que él puede aportar seguridad y bienestar, porque se gana bien la vida en un trabajo que le apasiona. Sonia sabe que con Thierry nunca tendrá la emoción con la que había podido soñar, pero es afectivamente estable y tranquilizador por su holgura financiera.

Si ahora la búsqueda de una pareja en Internet es una práctica trivializada, no concierne sin embargo más que a una parte de aquellos que se han confrontado con la soledad. Muchos otros eligen —con mayor o menor facilidad— acomodarse a ella inventando nuevos modos de relación con los otros.

TERCERA PARTE

Las nuevas soledades

CAPÍTULO 10

La falta de compromiso

Soy una burbuja de aire, desganada, sin deseo.

ÉLISABETH

ESCAPAR AL DESEO PARA EVITAR EL SUFRIMIENTO DEL FRACASO AMOROSO

En nuestros gabinetes de consulta, como ya he dicho, recibimos cada vez más a menudo a personas que han comprobado su incapacidad para experimentar emociones. Temen las relaciones íntimas que pueden hacerles sufrir, los sentimientos que pueden conllevar una dependencia, y para protegerse se mantienen en una superficialidad que les protege de la implicación afectiva. Aun cuando sueñan, sin creer demasiado en ello, con relaciones ricas e intensas, guardan sus distancias, se esfuerzan en parecer desapegados y se pierden en relaciones personales triviales o sin interés. Mathieu, de 39 años, informático:

> La mayoría de las veces, lo que mis conocidos dicen de mí no me interesa. Prefiero discutir con gente a la que no conozco, y preferentemente en una lengua extranjera.

Estos pacientes se quejan de ser incapaces de tener sensaciones. Algunos de ellos, para intentar recobrarlas, se entregan a experiencias extremas: la velocidad, los deportes de riesgo, la música demasiado fuerte, el alcohol o las drogas. Frecuentemente, es también una forma de rodearse de una capa aislante para dispensarse de una búsqueda de amor o de reconocimiento. Sébastien, de 52 años, da testimonio del fracaso que registra sistemáticamente este tipo de huida hacia delante:

> Cuando era joven, había buscado situaciones de peligro que me procuraban un equivalente del orgasmo. Necesitaba estrés, de lo contrario no sentía nada. Ahora, es como si hubiera agotado todas mis reservas hormonales del placer. La curva se ha vuelto plana. Expulsé lo emocional, estoy globalmente embotado. Me resulta difícil, por ejemplo, montar en cólera. En una discusión bastante viva, abandono rápidamente y acabo por dar la razón al otro, o, como mínimo, por concederle el beneficio de la duda. No se trata de ninguna manera de una capitulación o de debilidad, sino de indiferencia. No soporto las dictaduras de pensamiento y no tengo ganas de tener que justificar lo que voy o no voy a hacer.

Fundamentalmente, si la falta de compromiso y la desconfianza se generalizan, es porque, en un mundo que parece cruel y despiadado y en el que hay que desconfiar de todos, uno prefiere replegarse sobre sí mismo. Ya sea en el trabajo, donde, si uno se escamotea demasiado, eso puede ser utilizado contra él, o en el hogar, en caso de conflicto conyugal, los ataques pérfidos pueden dirigirse contra nuestra fragilidad. Richard, de 51 años, jurista, vivió esta situación:

> Todavía estoy anestesiado por mi divorcio, en la imposibilidad de experimentar sentimientos, y no estoy seguro de ser capaz de enamorarme de nuevo. Me costó mucho soportar la disgregación de la familia, la destrucción del ideal que me había forjado de un nido familiar con padres e hijos reunidos. Sobre todo, me quedé abrumado por la violencia desatada en torno al divorcio, los falsos testimonios, el complot que se urdió para hacerme pagar una gravosa pensión de manutención, cuando mi mujer no tenía verdaderamente ganas de quedarse con los hijos. A continuación, fue preciso que organizara una vida de padre que educa solo a sus hijos: tengo que tutelar tanto lo escolar como lo extraescolar, además de ocuparme de mi trabajo, y a veces resulta duro de aguantar.

Como la vida social ya acarrea su lote de competición, se puede entender que algunos se nieguen a trasladarla a la vida amorosa o familiar y elijan la soledad para no tener que enfrentarse a los celos o a las tensiones de la vida en común. Es lo que declara Annick, de 52 años:

> Me gusta vivir sola porque cada vez que he vivido con un hombre, si mi trabajo me obligaba a llegar tarde por la noche, me ponía nerviosa, por-

que sabía que, aun cuando no se pronunciara ninguna palabra en este sentido, habría tensiones en casa. Podían venir de mi cónyuge, que miraba ostensiblemente su reloj, pero también podían venir de mí. Porque, con la experiencia de mi primer marido, que me hacía cada vez una escena, me culpabilizaba de hacerle esperar. Ahora que vivo sola, me siento libre para quedarme en la oficina a acabar una tarea con calma.

Sucede también que una mujer que ha sido engañada por una primera pareja se eche atrás ante un nuevo compromiso, por temor a ser engañada de nuevo. Persuadida de que todos los hombres son infieles, no puede olvidar el sufrimiento causado por el adulterio y ya no quiere volver a vivir esa experiencia dolorosa. Cada vez encontramos más adultos en la madurez que, como consecuencia de varios fracasos, ya no confían en nadie para establecer una nueva relación afectiva y ya no hacen proyectos de pareja. Están desencantados, como Pierre, de 58 años, ejecutivo de seguros y divorciado; tiene una amiga, pero se siente «desenganchado»:

Soy consciente de estar en un proceso de muerte lenta en el plano profesional. A los 50 años, hay quienes se desenganchan y quienes se enganchan. Yo tengo más ganas de estar en mi casa de campo que de trabajar. Por otra parte, no soy el único; desde la ley de las 35 horas, por todas partes hay un ambiente de desmotivación: el viernes, en el trabajo, ya no queda nadie. En el plano personal, la cosa no va mejor, ya no tengo libido. Tengo la sensación de que ya me ha pasado la edad para la vida amorosa y las grandes pasiones. Prefiero pasar mis vacaciones con un grupo de amigos a hacerlo con mi amiga. Es como si iniciara una vida más tranquila.

Algunos consideran, en efecto, que la relación amorosa se ha convertido en una complicación añadida en un mundo ya difícil de vivir y que es más sencillo prescindir de ella. Se tiene el temor a la cotidianidad, la dificultad de convivir con los hijos de los otros, la tiranía de la presencia permanente del otro y las preocupaciones monetarias. Es preferible meterse dentro de una cómoda burbuja, únicamente con algunas relaciones antiguas tranquilizadoras, y evitar el tormento de la pasión y el deseo sexual. Es demasiado peligroso desear más, ya que se teme perderlo todo. Es el caso de Annick:

> Si no me comprometo en una nueva relación, es para no ser abandonada de nuevo. De este modo, estoy sola, pero lo he elegido yo.

El sueño del amor absoluto no ha desaparecido, pero se comprueba a menudo, sobre todo entre las mujeres más maduras, una desaparición de los esfuerzos de seducción que comportan una repetición del fracaso en la búsqueda de la pareja ideal. Muchos no tienen verdaderamente ganas de dirigirse al otro o de «mejorarse» para hacerse más accesible o más agradable. «Para ser preferido, hay que volverse más amable que otro, más amable que cualquier otro, al menos a los ojos del ser amado», escribía Jean-Jacques Rousseau en el *Emilio*. No es ése el caso, en la actualidad, de Laurence, de 56 años, agente inmobiliario, divorciada y con dos hijos:

> Con la vida, me he blindado. Tengo la impresión de haberme vuelto egoísta y autoritaria, y ya no sé si las cosas me afectan o no. No siento ganas de tener a un hombre en mi vida, y por otra parte ni siquiera me miran. Hay que añadir que no hago ningún esfuerzo de seducción y que mantengo a todo el mundo a distancia. Quizá tendría que hacer un esfuerzo, por ejemplo adelgazar un poco, pero no tengo un hombre. Envejezco, y si además no puedo comer lo que quiero, entonces ¡todo se vuelve demasiado triste!
>
> En el trabajo, con los clientes soy activa, llena de dinamismo, pero por la noche tengo ganas de regresar al calor de mi casa. Enciendo velitas y me organizo una fiesta sólo para mí. Me encuentro bien sola, entonces ¿por qué cambiar esto por un puñetero como mi ex marido? Estoy enredada en la cotidianidad y el mundo que veo afuera no me parece muy divertido. Ya no hay fiestas para gente de mi edad, tan sólo cenas con gente que tienen muchas preocupaciones.

Es cierto, como hemos visto, que las relaciones utilitarias son cada vez más frecuentes: se toma al otro, se lo utiliza, y cuando ya no proporciona la satisfacción deseada, se desecha. Entonces, para evitar esto, uno prefiere apartarse hasta difuminar cualquier apariencia externa, de forma que ya no pueda interesar a los demás. Puesto que las relaciones se han vuelto aleatorias y ya no ofrecen ninguna garantía de permanencia, se intenta escapar a ellas viviendo solo. Elegir la soledad es asegurarse que no se va a depender de nadie, evitarse el dolor de un nuevo fracaso, vivir a su aire sin pedir la opinión de nadie. Es la opción de Hélène, de 39 años:

> Mi mayor temor es reiniciar una historia de amor y ser abandonada. Si mi deseo es fuerte, soy dependiente. Cuando no se desea nada, no hay ninguna razón para tener miedo.

Algunos de los que eligen la soledad son partidarios decepcionados de una fe excesiva en el amor, como Clotilde, de 46 años:

> Una se habitúa a la nada. Si no se tienen relaciones sexuales durante mucho tiempo, el deseo se atenúa, y luego se desvanece. Pero puede darse el caso de que aparezca un hombre y —¿por qué éste?— una tenga ganas de que se interese en ella. Y él se interesa por ti. ¿Por qué? ¿Acaso porque ha visto que apenas te resistes a tocarle? Pero resulta que este hombre está poco disponible. Sus justificaciones son muy loables: el trabajo, los hijos, las preocupaciones. Arreglas tu tiempo para hacerle un lugar y empiezas a esperar.
>
> A partir de casi nada, algunos besos, algunas palabras tiernas, algunas caricias, y ya has caído en la trampa. El deseo que creías apaciguado resurge bruscamente. Duermes mal, pasas la noche agitada, estás en las nubes, lo pierdes todo. En una palabra, te has enamorado. Pero tras la pasión amorosa que se establece, se dibuja ya la carencia, la carencia del otro. Y entonces te das cuenta de que tu evitación del amor no era más que una evitación de su corolario, la carencia.

Del mismo modo, algunas mujeres que han conseguido salir de una dolorosa historia de pareja temen nuevos sufrimientos y dicen: «¡Nunca más!». Martha, de 56 años, directora de recursos humanos:

> Después del fracaso de mi matrimonio, no creo que pueda vivir con nadie. Mi primer marido era muy duro. Desde luego, nunca me pegó, pero me descalificaba sin cesar, se burlaba de mi físico, me repetía que yo no era deseable. Y —lo supe después— siempre me engañó. Acabé por dejarle. Me he recuperado, pero ya no creo en el amor.
>
> Ahora, lo invierto todo en mi trabajo, donde se reconoce mi competencia. Educo a mis hijos, veo a mis amigos, hago deporte, viajo. Ya hace

diez años que vivo sola. He tenido algunos amantes, pero tras algunos meses, perdí el interés. Los hombres me parecían demasiado egoístas. Tenía que adecuarme a lo que esperaban de mí. ¿Acaso podría enamorarme de nuevo? Temo que no. Tengo demasiado miedo. Toda la confianza en mí misma que tengo en otros ámbitos, se convierte en dudas acerca de mi capacidad para el amor.

Del deseo del otro al deseo de ser uno mismo

El miedo al compromiso se corresponde así con una doble falta de confianza, en uno mismo y en el otro: ¿es que todavía soy capaz de amar? ¿Acaso soy capaz de amar a alguien durante toda mi vida? Y el otro, ¿me será fiel? Porque las relaciones afectivas ya no ofrecen garantía de permanencia, se han vuelto inquietantes. Algunos prefieren huir en un desapego afectivo. Al rechazar cualquier relación demasiado íntima, eligen vivir solos, como Élisabeth, de 49 años, divorciada sin hijos, maestra:

Cuando era mucho más joven, vivía permanentemente inmersa en la seducción, estaba preocupada por la imagen que daba. La cosa funcionaba y eso me mantenía en un sentimiento de exaltación. Sólo me sentía viva cuando un hombre me pretendía. Un día me desprendí de ese sentimiento como un vestido que se deja en una percha. Se acabó, ya no intento seducir. Ya no tengo ganas de gustar a un hombre; eso ha quedado fuera de encuadre y no lo echo de menos. Por otra parte, supongo que debo emitir un mensaje de indisponibilidad, porque los hombres ya no me miran como lo hacían antes.

Mi vida es plena en todos los frentes: tengo sexo cuando quiero con mis antiguos amantes, tengo el cariño de mis amigos, tengo intereses intelectuales y un trabajo que me gusta, pero no tengo una relación amorosa. Por la noche, cuando regreso a casa y cierro la puerta, me siento encantada de encontrarme por fin sola y de meterme en la cama con un libro. No tengo ningún deseo sexual y no lo echo en falta. De vez en cuando, hago el amor con mi viejo amante, pero eso me basta. Porque ya no tengo deseo, el deseo de los demás me molesta.

De una forma general, ya no me dedico al deseo. He hecho muchas cosas, he conseguido lo que quería y ahora ya no tengo metas que alcanzar, ni profesionales, ni sociales, ni amorosas. Ya no tengo nada que demostrar a nadie. Hago lo que tengo que hacer y lo hago bien, pero ya sin entusiasmo. Tengo una especie de indiferencia, incluso en los encuentros: si se da, tanto mejor, si no se da, no tiene importancia. Soy una burbuja, sin caprichos, sin deseo. He perdido mis ilusiones con respecto a la sociedad, el trabajo y los vínculos afectivos. Me digo: «No vale la pena».

Me molesta que alguien —incluso alguien a quien amo— venga a mi casa. Lo siento como una intrusión. Es mi espacio, y no tengo ganas de que nadie venga a invadirlo. Me pregunto hasta dónde va a llegar esta indiferencia.

También se puede elegir la soledad por malas razones, porque se han sufrido fracasos y renunciado a cualquier apego íntimo. La soledad puede parecer entonces un camino egoísta, porque para estas personas es un medio de escapar a la dependencia. Es cierto que, en una época de absoluta exigencia, es más fácil renunciar a todo vínculo y, por consiguiente, a las imperfecciones inherentes a cualquier relación humana. Es la justificación de la elección de Christian, escritor de 62 años:

Es necesario estar solo para crear. Nunca he parado hasta conseguir alejarme de la gente, incluso de aquellos a quienes amaba, para hacer tabula rasa y tener libertad para trabajar y producir. La ambigüedad de todo esto es que, a la vez que la presencia de la persona amada, también se va la idea de producir.

Pero la aspiración a la búsqueda de uno mismo, que pasaba al comienzo por el amor, puede proseguirse, como consecuencia de los fracasos de la vida en pareja, en la soledad. Por lo demás, las mujeres que han renunciado a buscar un compañero sufren menos la soledad que aquellas que están a la espera del hombre que ha de venir a satisfacerlas. Ésa es la pensada elección de Christine, de 49 años:

El amor no es más que una relación de fuerzas, y yo ya no quiero eso. Siempre se trata de las mismas bazas de seducción, el poder de uno sobre el otro, el chantaje afectivo y el miedo a ser abandonado. Aun cuando a veces eche de menos hacer el amor, necesito espacio, soledad y paz. Prefiero la tranquilidad de la amistad con las mujeres, las risas, las discusiones, las conversaciones.

Se trata entonces de apagar cualquier deseo para no tener ya que esperar nada, buscar la *ataraxia*, es decir, una dicha apacible y sin ataduras, alejada de las pasiones que amenazan con perturbar la serenidad del alma. Cuando el trabajo, la pareja o la ruptura de otros vínculos han provocado la decepción, uno puede entregarse a una general falta de compromiso. El deseo se orienta entonces hacia otra cosa. Porque ya no se tiene nada que perder, uno se desprende de las apariencias y el conformismo. El deseo de ser uno mismo se acentúa y el silencio ofrece un espacio para la reflexión.

> Tras un penoso divorcio con una mujer violenta, Florent, de 44 años, director financiero en paro, eligió un modo de vida más acorde con sus aspiraciones profundas, y abandonó París para instalarse en el campo. Se describe como un ser asocial, introvertido, que necesita aislarse para pensar, leer y escribir. Ahora rechaza las relaciones superficiales, porque tiene necesidad de relaciones esenciales. Según él, el 90% de la comunicación entre sus semejantes carece de todo interés, porque es anecdótica, y eso le fastidia.
>
> Explica su carácter solitario por la carencia de comunicación de su infancia: su padre era un hombre taciturno, que había sido traumatizado por la guerra de Argelia. En esta familia, no había ninguna conversación y, para enmascarar el silencio, las comidas se desarrollaban ante la televisión encendida. Su cambio de vida, de cuyo riesgo y atrevimiento es consciente, le parece fundamental, porque necesita «encontrarse», ser por fin él mismo.

ALEJARSE DE UN MUNDO ANGUSTIANTE

Muchos de nuestros contemporáneos soportan cada vez menos la promiscuidad y la molestia ocasionada por el otro. La calidad de vida se sitúa ahora en la tranquilidad, la autonomía, la intimidad. Cuando pueden, muchos prefieren vivir en una casa individual, y si es posible con un jardín, lejos de las ciudades, aun cuando esto se pague con largas horas de transporte. Del mismo modo, en la pareja, cuando es posible, se observa una aspiración a tener habitaciones separadas, para proteger un espacio personal.

Tras la coerción del modelo patriarcal ahora caduco, nuestra época nos ha proporcionado una efectiva libertad individual que puede vivirse como una amenaza permanente para el yo si no es suficientemente sólido para hacer frente a todas estas posibilidades. La huida ante las emociones no es pues únicamente consecuencia de los fracasos vividos, se explica también por el hecho de que los individuos experimentan a veces sus pulsiones íntimas como amenazantes: al temer comprometerse en una relación que correría el riesgo de ser demasiado exigente y pondría al desnudo sus debilidades, íntimamente convencidos de que sus deseos no podrán ser saciados en una relación amorosa, prefieren entonces una conducta de evitación. A veces de forma radical, como Florent:

> Me gustaría no ser nada, desaparecer hasta borrar cualquier apariencia externa, no dar ningún pábulo a los demás, concentrarme por completo en el interior de mí mismo. Me gustaría ser farero, no dejarme distraer por lo fútil y lo superfluo, poder leer, pensar, contemplar el mar, no caer en esas distracciones que te hacen perder el hilo de ti mismo.

Desde luego, somos en principio más libres, pero también somos más frágiles, más solitarios. Porque ¿acaso no hemos pasado de una sujeción brutal —la del patriarcado, que alienaba tanto a las mujeres como a los hombres— a otra más difusa, la de la mercancía y la competición, de la que es casi tan difícil desprenderse? En cierto modo, ésa fue la asombrosa intuición del sociólogo alemán Ferdinand Tönnies (1855-1936), que profetizó ya en 1887 que la sociedad futura sería económicamente más eficaz, pero psicológicamente depresiva:[1] según él, los vínculos fundados en la sangre, el afecto, el respeto y el temor que existían en la sociedad tradicional iban a sustituirse, en la sociedad moderna, por vínculos de orden racional fundados en el contrato y el interés.

De hecho, cuanto más se extiende el dominio de la sociedad del rendimiento sobre los destinos de cada uno, más se desalientan algunos individuos: «¿Para qué?». La consecuencia es, a menudo, la pérdida de todo deseo, e incluso una cierta desesperación, como expresa crudamente Thomas, de 28 años, grafista con contrato temporal:

> Estoy atrapado en un sistema que no deja lugar para mis estados anímicos. Estoy robotizado: trabajo, vuelvo a mi casa, consumo un poco...

> Como no tengo dinero para salir, la gente ya no me llama. De todas maneras, no tengo ganas de ver a nadie, ni siquiera tengo libido, ni fantasías, ni corazonadas en los encuentros. Si pierdo el trabajo, ya que mi vida afectiva está acabada, ¿para qué sirvo?

Pero muchos otros están menos desesperados: en todas las generaciones, ya sea por cansancio o sencillamente porque ya no tienen nada que demostrar, se niegan al juego del reconocimiento mutuo de nuestro mundo de competición y eligen apartarse de los juegos de poder, a quién será el más fuerte, el más hermoso y el más rico.

Por supuesto, es una fuerza no ser dependiente de lo que los otros puedan pensar, pero esta postura no es fácil de mantener. Y esto sucede porque los espacios clásicos de sociabilidad tienden a reducirse: se desconfía cada vez más de los pseudovínculos alentados por las grandes empresas a golpe de discursos retóricos «políticamente correctos» y de grandes misas que se considera que unen a los asalariados; como se desconfía, asimismo legítimamente, de los políticos que ofrecen todos más o menos lo mismo o que proponen satisfacer nuestros deseos de forma irreal.

Aun cuando se inventan también nuevas formas de convivencia más o menos subterráneamente, tanto en la ciudad como en el campo, la tendencia general apunta a la desafección con respecto a las instituciones y los colectivos clásicos, en la mayoría de las clases sociales, salvo quizás en la gran burguesía, en la que perdura una sólida tradición de reproducción endogámica, bastante holgadamente protegida de los aires de la época: la riqueza ayuda a prevenirse contra los efectos de la precariedad y a mantener los «valores» del modelo patriarcal de la familia nuclear, garante de la trasmisión de esta riqueza.

Pero en las clases medias y populares, los jóvenes, en particular, se reagrupan a menudo por afinidades: muchos acortan su campo relacional, se niegan a comprometerse y aceptan con mayor dificultad los vínculos que pueden establecer una solidaridad entre hombres y mujeres, más allá de las diferencias de origen. Cada vez más, nuestra sociedad está constituida por individuos aislados, que se unen a continuación a tal o cual grupo de su elección, por interés o por afinidad, no sin una cierta arbitrariedad, como explica Jeff, de 34 años, maestro:

> Estamos en una comunicación parcial con los demás. Como irremediablemente es imperfecta, una relación equivale a otra. Se pueden vivir cosas parciales muy intensas con muchísima gente diferente. ¿Por qué fastidiarse con los defectos de X y no con los de Y?

Y por tanto, ¿por qué comprometerse de un modo duradero, ya sea en una relación amorosa o por una causa social o política? Esta subideología de la falta de compromiso que atraviesa la mayoría de las sociedades modernas sigue siendo una «ideología débil», elástica y sin duda transitoria (en el sentido de que anuncia otra época): lejos de ser tan normativa como las de antes, suscita tanto los compromisos provisionales —los de las «parejas de contrato temporal» como los de las revueltas colectivas sin día después contra los escándalos de la época— como las faltas de compromiso radicales, individuales o sociales. En esta confusión de la época, que tenemos que saber comprender y mirar de frente, una de las manifestaciones más intrigantes de la falta de compromiso radical, que hasta ahora sólo he mencionado de forma incidental, es sin duda la de la vida sin sexo.

CAPÍTULO 11

La vida sin sexo

> El amor es obsceno en que pone lo sentimental en el lugar de lo sexual.
>
> ROLAND BARTHES, *Fragmentos de un discurso amoroso*

La abstinencia sexual puede ser el resultado de una elección, de una ausencia de deseo o de la ausencia de pareja. Como hemos visto, es probable que nuestras vidas nos aporten cada vez más períodos de soledad y por tanto de castidad. Tendremos que irnos acostumbrando.

¿ES INDISPENSABLE LA SEXUALIDAD?

Nuestra sociedad esta fuertemente sexualizada y el sexo se ha convertido en una mercancía como otra cualquiera. Se venden encuentros en las páginas *web*, los periódicos ofrecen manuales de instrucciones para encontrar al alma gemela, la publicidad encomia las virtudes de vestidos para seducir, cremas de belleza para seguir gustando e incluso píldoras mágicas para aumentar las prestaciones sexuales. Según el escritor Michel Houellebecq, si nos amontonamos es para olvidar nuestra finitud, porque la vida no es otra cosa que la nada. Al multiplicar indefinidamente el sexo, intentamos exorcizar nuestras carencias, pero esto sólo nos aporta una satisfacción provisional.

En el nivel de la sexualidad se reproduce el mismo comportamiento de consumidor exigente que en los demás mercados. Ahora el goce debe estar garantizado. El Viagra y el Cialis, medicamentos prescritos al comienzo para curar los trastornos de la erección, se utilizan ahora para mitigar la angustia de rendimiento: «¡Se me levanta cuando quiero y donde quiero!». Su uso ha llegado a trivializarse tanto que, en Francia, en 2006, el periódico *Le Monde* consagró dos páginas enteras, sin ninguna crítica ni restricción, a estas nuevas píldoras de la felicidad sexual,[1] y un semanario las convirtió en portada. Para ampliar el mercado, la industria farmacéutica creó un nuevo síntoma: la «disfunción sexual femenina» que, según el laboratorio que intenta comercializar un equivalente femenino del Viagra, afectaría al 43 % de las mujeres de entre 18 y 59 años.[2]

Una sexualidad plena se ha convertido en una norma en nuestra época, y el cuerpo se ha vuelto una simple máquina de placer cuyos registros hay que mejorar. Para estimular la sexualidad hay que seguir los consejos de las revistas, comprar los *sex toys* [juguetes sexuales] y recurrir a las píldoras milagrosas en caso de avería. La frigidez se ha convertido en una enfermedad vergonzosa y la impotencia en un síntoma que es necesario curar por completo. Tanto en la cama como en el trabajo, el hombre se siente sometido a una obligación de resultados y teme ser puesto de patitas en la calle si no está a la altura de lo que se espera de él.

En un momento en que algunos medios de comunicación nos saturan con temas sexuales bajo el lema «gozad sin cortapisas», se escucha la queja de los excluidos del sexo, que llegan hasta a hablar de «miseria sexual». Es cierto que nuestros pacientes vienen a veces a quejarse de frustración sexual, pero la verdadera problemática sigue siendo el aislamiento afectivo. En 1998, en su primera novela, Michel Houellebecq había sido precursor al apuntar a la dureza del mercado del consumo del sexo: «Al igual que el liberalismo económico desenfrenado, y por razones análogas, el liberalismo sexual produce fenómenos de depauperización absoluta. Hay quienes hacen el amor todos los días; otros, cinco o seis veces en su vida, o nunca. Hay quienes hacen el amor con decenas de mujeres, y otros con ninguna... Es a lo que se llama la ley del mercado».[3]

El sexo se ha vuelto una función higienista: hacer el amor es bueno para mantener la línea, para el cuidado de la piel... Pero con la liberación sexual se comprueba el repunte de una disminución del deseo sexual: ya no hay nada que desear, porque todo es posible. El demasiado sexo aboca así a la eliminación del sexo. Cada vez más frecuentemente, vemos a personas que han renunciado al sexo, como otras renunciaron al alcohol o al tabaco. Lo que importa ahora es la comodidad. Instalarse en un nido con todo al alcance de la mano y sin necesidad de los demás. Alejarse de todas las solicitaciones ilimitadas, desembarazarse del *siempre más*.

> Christine, de 53 años, vivió la liberación sexual del 68 con grupos de mujeres. En esa época, no había que refrenar los deseos, se podía probar todo, el sexo con las mujeres, el sexo entre varios. Cuando ella salía de la tienda, iba con un hombre diferente cada vez. «Aun cuando uno reventara de angustia y de celos, era de buen tono no ser posesivo.»
>
> Un día, Christine se hartó de estar disponible y, pasando de un extremo al otro, renunció a la sexualidad: «¡No por haber vivido la liberación sexual, la sexualidad va a ser obligatoria!». Hace ahora ya más de diez años que no ha tenido ninguna relación sexual. «No echo en falta la sexualidad. Lo que podría echar de menos serían los gestos de ternura, el ser mirada con deseo. No hablo del amor, sobre el que he perdido mis ilusiones. Dejé de lado todo lo que es físico, salvo la danza y el deporte. Incluso ya no practico la masturbación. Todo está en mi cabeza. Retomé los estudios, me gusta hablar con mis amigos. He dispuesto un sistema de protección que consiste en evitar las situaciones que me desagradan.»

La persecución de una felicidad absoluta a través de una intensa gratificación sexual fue la meta última, pero frente a los excesos de una sexualidad *trash*, quizá ya no haya nada que desear. En una entrevista, Catherine Millet, autora del famoso best-seller *La vida sexual de Catherine M.* (2001), explica lo siguiente: «Cuanto más detallo mi cuerpo, cuanto más detallo mis actos, más me desprendo de mí misma». Efectivamente, en estos excesos del cuerpo no existe sentimiento ni afecto. No es otra cosa que la mecánica de los cuerpos. Nuestra época intenta igualmente desembarazarse de la diferencia de los sexos, o como dijo el escritor Michel Schneider: «Lo femenino y lo masculino se han confundido tranquilamente, sin ya saber qué es lo que puede esperar uno del otro, dispuesto a todo para evitar un encuentro carnal».[4]

En junio de 2004, en un sondeo de IPSOS, el 25% de las mujeres encuestadas y el 15% de los hombres declaraban vivir prácticamente sin relaciones sexuales desde hacía varios meses y, entre éstos, el 26% indicaban ser indiferentes a tales relaciones. El sexólogo Philippe Brenot considera que el 50% de las parejas sexagenarias ya no mantienen relaciones sexuales.[5] Según un estudio de 1992, el 6,2% de los hombres y el 12,4% de las mujeres decían no hacer nunca el amor. Según otra encuesta pública de ACSF (Análisis de los comportamientos sexuales en Francia, de 1992), el 2,7% de las mujeres y el 1,9% de los hombres de entre 30 y 34 años y el 2,5% de las mujeres, y el 2,3% de los hombres de entre 35 y 39 años, eran sexualmente inactivos. Un estudio estadounidense mostró que el 2% de la población adulta nunca había tenido experiencias sexuales.

El descenso del deseo sexual puede estar ligado a razones médicas; por ejemplo, después de una histerectomía total, que produce una castración quirúrgica, la pérdida de la libido afecta a casi una mujer de cada dos, en razón de la caída brutal de la tasa de testosterona. Ahora es posible mitigar estas bajadas hormonales de la libido, pero muchas no lo desean.

Cuando el deseo se debilita

Sin embargo, las cifras no nos aportan sino indicaciones imprecisas. En efecto, entre la joven con estudios superiores que, al no haber encontrado el alma gemela, no desea perder su tiempo en aventuras sin porvenir, y la mujer casada en quien se ha extinguido todo deseo, pero debe mantener la imagen de solidez de su pareja, la problemática no es la misma. Las mujeres que no han tenido relaciones sexuales desde hace diez o veinte años nos dicen que no echan en falta el acto sexual, que sus sentidos están en cierto modo anestesiados. Tan sólo sienten nostalgia de una relación de ternura. Los medios de comunicación confunden por otra parte demasiado a menudo la soledad del corazón y la soledad del cuerpo. Ése es el motivo de que periodistas hombres —como Hubert Prolongeau en *Le Nouvel Observateur*—,[6] al aludir a la vida sin sexo a partir de ejemplos, hablan más de soledad que de carencia sexual.

Hombres y mujeres no viven la falta de relaciones sexuales de la misma manera: cuando se habla de soledad, los hombres tienden a pensar en la carencia de relaciones sexuales, mientras que las mujeres piensan preferentemente en el vacío relacional. Según Gérard Mermet, el 50% de los hombres considera como difícilmente soportable no hacer el amor durante varios meses, frente tan sólo al 34% de las mujeres.[7] El 26% de las mujeres y el 18% de los hombres prescindirían sin dificultades de la sexualidad. Esta disparidad de las cifras explica que las mujeres que renuncian a la sexualidad sean más numerosas que los hombres. Las mujeres quieren amor, no sexo, pero para muchos hombres la demostración de amor pasa por el sexo. El 23% de los que consideran indiferente el abstenerse de la sexualidad se declaran aliviados al no hacer ya el amor.

Entre quienes sufren por la abstinencia sexual, se encuentran las solteras acomplejadas que sólo hacen el amor en encuentros de vacaciones. Igualmente hay quien ha sido olvidado o rechazado por su pareja, y le faltan las fuerzas para marcharse o para buscar un amante fuera. Es lo que también dice Christine:

> Una mujer de mi edad ¿puede seguir ligando? En mi cabeza, la sexualidad está demasiado ligada a la estética. Me cuesta mucho trabajo imaginar a viejos o feos haciendo el amor. Cuando por la mañana tengo los ojos hinchados, me digo que estoy contenta de que ningún tipo vea esto. Para mí, tiene que haber una perfección en la sexualidad, y sin embargo me he acostado con tipos que no eran en absoluto perfectos. Preferiría una relación con alguien mayor, porque, al estar más decrépito, no podría emitir juicios negativos. Es diferente cuando has vivido con la misma persona desde hace 20 años. Los dos han envejecido juntos. Existe una indulgencia mutua ligada a la ternura y al pasado.

Con el tiempo, el descenso en la frecuencia de las relaciones sexuales es casi inevitable. Algunos, más que resignarse, optan por ir a ver a un sexólogo, pero para eso es necesario que los dos miembros de la pareja tengan el deseo de mejorar la situación. Cuando la pareja está en crisis, las reconciliaciones pueden hacerse en la almohada. Algunas mujeres confiesan aceptar un relación sexual, incluso cuando no tienen ganas, para calmar a un cónyuge violento. Habitualmente, para las mujeres, el deseo es consecuencia de una armonía en la relación, mientras que para muchos hombres, el acercamiento sólo puede hacerse a través de un acto sexual.

Después de una separación, quien está habituado a una vida sexual regular sufrirá la carencia afectiva y sexual; pero, tras un tiempo, en principio, los sentidos se apaciguan, porque cuanto menos se hace el amor, menos ganas se tienen de hacerlo. Ya lo hemos dicho, las mujeres soportan mejor esta carencia que los hombres, y saben esperar hasta haber cicatrizado antes de internarse en otra relación, porque temen la alienación provocada por el sexo. Christine añade:

> A los 53 años, creo que, para mí, la vida de pareja se ha acabado. En el plano sexual, he pasado del todo a la nada. Cuando era joven, tuve un montón de aventuras, quería gustar y seducir, pero, si lo pienso bien, practicaba el sexo sin gran placer. ¿Acaso por haberlo hecho demasiado con gente que no me interesaba? Ahora me siento lejos de todo eso, aun cuando sigo teniendo algunos sueños o fantasías. Ahora, no tengo ganas de forzarme, pero no me atrevo mucho a decirlo, ya que a veces tengo la sensación de ser la única que no encuentra estupendo el sexo. Cuando ya no se tiene sexualidad, es como si se estuviese en el paro: una vez que se ha parado, cuesta mucho trabajo volver a ponerse en movimiento. Tengo miedo a retomar una vida sexual, porque tengo la impresión de que ya no voy a saber desenvolverme.

En una época en la que los medios de comunicación ensalzan los encuentros efímeros y multiplican los consejos para incrementar el placer sexual, el deseo se embota y vemos aparecer las patologías de la insuficiencia sexual. Algunos hombres se sienten inquietos; en todas partes se les exige mostrarse eficaces, y comprueban que las mujeres son suficientemente autónomas como para marcharse si una relación no les interesa. Temen por tanto que una avería sexual los excluya del mercado del amor. Se imaginan que las mujeres aguardan fundamentalmente sexo, y que sólo podrán satisfacerlas si están a la altura en la cama. Esto es lo que dice Christian, de 62 años:

> En el aspecto sexual, hay marea baja y probablemente seguirá así. Ya no tengo vida sexual, pero el sexo viene a buscarme en mis sueños. ¿Se puede tener deseo sexual cuando uno no está orgulloso de sí mismo? Pasada una cierta edad, ¿qué es lo que puede vender? Pasados los 60 años, en el plano sexual lo que se puede ofertar es menos que antes.

Algunos hombres tienen la fantasía de que el apetito sexual de las mujeres es insaciable, porque ellas poseen la posibilidad de tener varios orgasmos seguidos. Sin embargo, al escuchar a las mujeres, se comprueba que su exigencia no está ahí. Ellas esperan mucho de un hombre, sin duda demasiado, pero sólo si el hombre es decepcionante en la vida cotidiana, si el reparto de los papeles sigue siendo tradicional, sólo entonces esperan que el hombre lo compense en la cama. Ellas esperan que sea tan atento en la cama como en la vida cotidiana.

El placer del sexo enmascara mal el pánico ante los sentimientos y nuestros pacientes se quejan sobre todo de una falta de vínculo y de relación, de una falta de calor y de ternura. Buscan una camaradería; todo hace pensar que se adaptarían a una relación sexualmente pobre a condición de que fuera tierna y proporcionara seguridad. Para las mujeres, las relaciones que se llaman sexuales son ante todo afectivas y, en la terapia, contrariamente a los hombres, hablan poco de sexo.

Hace 30 años que Benoît y Annie se casaron, y tienen dos hijos. Desde el comienzo, la sexualidad no ha sido el punto fuerte de su pareja; Benoît es un eyaculador precoz y Annie es más una madre de familia que una fogosa amante. Sin embargo, su pareja es sólida y se sienten profundamente apegados el uno al otro. Durante un cursillo de desarrollo personal propuesto por su empresa, Benoît fue incitado a soltarse, a experimentar nuevas formas de realización. Eso lo llevó a iniciar una relación tórrida con una mujer mucho más joven. Fue excesivo para él y se hundió en un estado depresivo profundo, que requirió una hospitalización en una clínica psiquiátrica.

A la salida de la clínica, Benoît sacó la conclusión: «No estoy hecho para las grandes pasiones y los excesos. Mi mujer y yo somos imperfectos: yo no soy un gran amante, ella está acomplejada por su silueta y su exceso de peso. Pero en eso consiste nuestro equilibrio».

La reivindicación de la asexualidad

La castidad gana terreno, y los que no lo practican el sexo comienzan hacerlo saber. A partir de 2001, un estadounidense de 23 años, David Jay, creó la página *web* AVEN (Asexual Visibility and Education

Network),[8] para defender la *A-pride attitude* (Actitud de orgullo asexual) y decir bien alto lo que muchos viven en el secreto, la culpabilidad o el sufrimiento. De ninguna manera se trata de un movimiento puritano o religioso. Este grupo intenta desmarcarse de una nueva moral de la abstinencia que hace estragos en Estados Unidos desde la década de 1990, con la finalidad de controlar a la juventud para evitar el sida, las enfermedades de trasmisión sexual y los embarazos de las adolescentes. Asociaciones como True Love Wait se dedican así a la propaganda de la castidad en los campus universitarios; y 2,4 millones de jóvenes se han comprometido ante la Iglesia baptista a llegar vírgenes al matrimonio.

Para los asexuales, al contrario, no se trata de castidad o de pureza, sino de un desinterés hacia el sexo. Hombres y mujeres están dispuestos a dejar el acto sexual por un buen libro, coincidiendo así con la mujer representada por la dibujante Maitena en una bolsa publicitaria española, que dice: «Lo mejor que me he llevado a la cama últimamente... ¡lo encontré en el Fnac!».

Quienes practican la asexualidad piensan que la sexualidad no es fundamental. Si una persona se acostumbra a una vida sin sexo, ¿por qué tendría la sociedad que imponerle una norma que no le conviene? Entre los asexuales, algunos nunca han experimentado la necesidad de acercarse a los demás y se definen como solitarios. Otros tienen una rica vida amistosa y de relación, pero no tienen ganas de «pasar al acto» sexual, menos por elección que por falta de deseo.

Así como la homosexualidad se incluía hasta hace no mucho tiempo en los manuales de clasificación psiquiátrica entre las perversiones, la elección de no tener relaciones sexuales se considera de momento como una rareza, e incluso como una patología. Cuando los periódicos nos animan a consumir tanto sexo como moda, la falta de deseo sería una disfunción emocional, una especie de glaciación del corazón. Por otra parte, es este sentimiento de salirse de la norma el que empuja a los que permanecen castos a ocultarlo a su entorno, como Isabelle, de 54 años, directiva:

> Soy consciente de ser lo que se dice una mujer seductora, pero los hombres que he conocido me han decepcionado y no tengo ganas de mul-

tiplicar aventuras intrascendentes. Como tengo una vida profesional muy activa, que me obliga a salir a menudo por la noche y a viajar mucho, cuando se me pregunta sobre mi vida amorosa dejo que planee la duda. Nadie puede imaginar que pronto harán seis años que no hago el amor.

Pero además de los asexuales, que nunca han estado interesados por el sexo, hay quienes están de vuelta. Han tenido una vida sexual rica, incluso a veces tuvieron experiencias múltiples, pero, por diferentes razones, pasaron a otra cosa. No están en contra del acto sexual, pero ya no les interesa. Tendría que surgir una fuerte pasión para que volvieran a empezar. Es el caso de Monique, de 58 años, empleada de banca:

> He vivido en pareja, he tenido hijos, tras mi divorcio tuve amantes, pero la satisfacción que obtenía de estas relaciones sexuales no compensaba las obligaciones que comportaban. Ahora, he renunciado, he pasado a otra cosa. Prefiero la lectura, los viajes, los encuentros amistosos.

Algunos dicen haberse descargado de la carga de las imperiosas pulsiones del sexo. Eligen la sublimación, es decir, desplazan su libido hacia una actividad intelectual, artística, profesional, etc. La sublimación implica una cierta renuncia a lo pulsional, pero es una elección que trae sus compensaciones, como dice la historiadora canadiense Élisabeth Abbott: «Los inconvenientes ligados a la ausencia de vida sexual se compensan con una mayor disponibilidad y un nuevo bienestar».[9] Y entonces, todos los demás placeres de los sentidos adquieren una intensidad especial, lo que abre las puertas a un nuevo universo en que el sentimiento de ser uno mismo es especialmente intenso, en que la energía libidinal se desplaza hacia la naturzaleza, la amistad o la creación. Estas personas no tienen ganas de perder su tiempo en una relación que no aporta nada. Compensan con una riqueza interior la ausencia de relaciones sexuales.

Para otras, la castidad se parece a la anorexia; sería una reacción de defensa, una manera de alinearse con un pensamiento altermundialista que rechaza el hiperconsumismo mercantil. Cuando se disfruta con plenitud de uno mismo, ya no queda sitio para el deseo. ¿Acaso no equivaldría esto a la impotencia ante la vida descrita por Alain Ehrenberg,[10] frente al mandato de éxito en todos los ámbitos? También se comprueba que cada vez más mujeres se desinteresan de la sexualidad porque era el punto en que se veían sometidas por los hombres, y consideran que el sexo sigue siendo para algunos hombres una herramienta de dominio.

En la pareja, el sexo es un ingrediente mucho menos importante de lo que se ha dicho. Está surgiendo, por otra parte, un nuevo movimiento de parejas sin actividad sexual. Es lo que la Iglesia llama la «castidad conyugal». Se trata de una vida de pareja fundada en la fidelidad, el respeto mutuo, un amor intenso y muy poco en la sexualidad. Estas parejas han desplazado su libido a otro terreno y encuentran una armonía con una frecuencia de relaciones muy disminuida, incluso nula. Denuncian la virilidad machista que consiste en utilizar a las mujeres para conseguir una brutal saciedad sexual. Quieren rehabilitar el deseo. En el vínculo deseante que un individuo establece con su compañera o su compañero, no sólo hay sexo, sino también un amor no sexual y un vínculo que se podría calificar de social. El dominio de los excesos de la vida pulsional se percibe entonces como revelador del registro de la pureza, lo noble y lo elevado.

De hecho, estas parejas siempre han existido, por ejemplo tras una crisis conyugal en mitad de la vida, pero lo que es nuevo es que esta elección se dé actualmente entre parejas jóvenes, alrededor de la treintena. Para sus miembros, el sexo es una actividad secundaria, y prefieren realizarse en su vida profesional o en el activismo.

La asexualidad no es una neurosis

¿Es la asexualidad una orientación sexual, como la heterosexualidad, la homo o la bisexualidad? ¿O es una represión de la pulsión sexual? Los investigadores sólo han empezado a interesarse en el tema desde hace poco. Como si, hasta entonces, el concepto de asexualidad o de inactividad sexual no se hubiera previsto en los programas de investigación. Sin embargo, en la década de 1990, equipos estadounidenses han demostrado que si se deja a jóvenes carneros que hayan alcanzado la madurez sexual solos con hembras en un recinto, en dieciocho ocasiones el 10% permanece indiferente. Si a continuación se los junta con machos y hembras, del 2% al 3% no muestra ninguna señal de interés ni por los machos ni por las hembras. Estos datos serían más o menos equivalentes a las cifras de los asexuales entre los seres humanos.

Sea como sea, los psicoanalistas y los sexólogos se preocupan; los médicos nos dicen que si se pierde todo interés por el sexo, hay que consultar con un especialista que nos ayudará a resolver el «problema». Creen que la sexualidad está en el centro de nuestra vida y que su ausencia sólo puede provocar frustraciones inconscientes que amenazan con tener repercusiones en nuestra vida psíquica. Proponen entonces terapias para reparar los mecanismos sexuales desfallecientes y relanzar el deseo.

Fue Freud quien introdujo la idea de que una persona neurótica padecía un trastorno en su desarrollo sexual. De ello se seguía que una persona feliz y con buena salud debía disfrutar de una vida sexual satisfactoria. Cuando se le preguntaba a Freud qué constituía una buena salud psicológica, respondía que eran las capacidades para amar y trabajar. Para él, la curación de una neurosis pasaba por la capacidad de alcanzar el orgasmo. Pero para esto no se planteaba la cuestión del compañero sexual y la relación en su conjunto. Siguiendo sus pasos, la mayoría de los psicoanalistas, al confundir relaciones humanas y relaciones sexuales, considera que la neurosis representa una incapacidad para establecer relaciones humanas satisfactorias. Al insistir así en la importancia de las relaciones íntimas, descuidan otras formas, igualmente pertinentes, de conseguir la plenitud. La libido no está constituida únicamente por pulsiones sexuales: es también una energía, una fuerza que puede sublimarse y transformarse en fuerza socializada.

Algunos médicos se refieren a constantes biológicas como la tasa de testosterona o la tasa de dopamina cerebral para explicar la falta de deseo sexual. Sin embargo, los asexuales, a diferencia de los frustrados sexuales, no se sienten deprimidos, sino que tienen ganas de salir, de ver a los amigos, de reír, de beber buen vino y de apreciar la buena comida. El problema está pues en otra parte.

La característica constante de quienes eligieron la renuncia a la sexualidad es una voluntad de no dispersarse, de no participar en el juego de los encuentros fugaces y el dictado del goce impuesto por nuestra sociedad. Más que de un rechazo del sexo, se trata de un rechazo de la superficialidad de los encuentros. Por tanto, es falso afirmar que el deseo ya no existe: simplemente, ya no se encuentra donde lo esperamos. ¿Por qué criticar a quienes realizaron esta elección íntima? A partir del momento en que la tasa de natalidad no desciende en Francia, ¿qué perjuicio causan a la sociedad?

Del mismo modo, tenemos que revisar nuestros prejuicios, con excesiva frecuencia todavía negativos, frente a la soledad. Lejos de ser siempre el síntoma de un trastorno caracterial, el hecho de estar solo puede ser, al contrario —y cada vez con más frecuencia, por lo demás— lo propio de una rica personalidad.

CAPÍTULO 12

La capacidad de estar solo

Nunca estoy solo con mi soledad.

GEORGES MOUSTAKI

La capacidad de permanecer solo es un recurso precioso que permite estar en contacto con los más profundos sentimientos propios, desarrollar la imaginación creativa y soportar mejor la pérdida. Esta capacidad se adquiere en la infancia. Durante los primeros meses de vida y la primera infancia, el apego a la madre o a su sustituto es fundamental para la supervivencia del hijo. John Bowlby, psicoanalista en la Tavistock Clinic de Londres, observando a los niños que habían sido separados de sus madres por la guerra, desarrolló en la década de 1960 su teoría del apego. Su conclusión era que los hijos tenían necesidad fundamentalmente de alimento y calor; y la madre era, en principio, su fuente. Si la madre faltaba, se apegaban una madre de reemplazo.

A continuación, el psicoanalista estadounidense René Spitz corroboró esta hipótesis a partir de una experiencia con monos. Los bebés mono fueron alimentados por dos tipos de «madres de sustitución», que eran artefactos provistos de un sistema de alimentación: unos rígidos, de alambre, que proporcionaban un alimento rico, y los otros suaves, de terciopelo, pero cuya leche era más pobre. Los pequeños monos que se desarrollaban mejor eran los que, a pesar de estar peor alimentados, tenían una madre suave.

El indispensable aprendizaje de la soledad en la infancia

Los psicoanalistas, en concreto los de la escuela inglesa del siglo XX, se interesaron por las vivencias de separación. El psiquiatra inglés Donald W. Winnicott consideraba la capacidad de estar solo en presencia de la madre como un importante signo de la madurez del desarrollo afectivo: «Intento justificar la paradoja según la cual la capacidad de estar solo se funda en la experiencia de estar solo en presencia de alguien y no puede desarrollarse si esta experiencia no se repite suficientemente. Sólo cuando está solo (es decir, solo en presencia de alguien) el bebé es capaz de descubrir su vida personal».[1]

Más tarde, un niño seguro de la disponibilidad de su madre sentirá ganas de explorar su entorno inmediato y de acercarse a otros niños. Los que han tenido la oportunidad de tener una madre suficientemente presente pero que también supiera ausentarse, sabrán soportar la soledad sin angustia. En *Más allá del principio de placer* (1920), Freud cuenta que había observado a su nieto de dieciocho meses jugando a lanzar un carrete lejos de su vista mientras gritaba «*Fort!*» («lejos», en alemán), y luego, tras haber rodado el carrete bajo el diván, lo recuperaba tirando del hilo mientras decía «*Da!*» («ahí»). Freud comprendió que mediante este carrete que se alejaba, desaparecía pero volvía a aparecer, el niño aprendía a dominar la ausencia: «Mamá se va, me falta, pero ¡va a regresar!».

Si este aprendizaje no se lleva a cabo, a causa de un traumatismo o de una fragilidad demasiado grande del yo, cada alejamiento produce desamparo y, a menudo, una dificultad real para amar cuando se es adulto, como manifiesta Bertrand, de 42 años:

> Es la sombra que arrastro de mis padres lo que me impide amar. La falta de amor de mi infancia resuena en mi falta de amor actual. Es como un impulso que no se os haya dado al comienzo.

Nuestra actitud frente a la soledad impuesta por los acontecimientos de la vida está entonces ligada al aprendizaje que se hizo de ella en la infancia. Cuando de niño no ha sido preparado y un día se ve arrojado a ella a causa de una separación, un duelo o un cambio profesional, la persona confundirá entonces el sufrimiento provocado por la separación y la soledad. Ahora bien, es la ausencia del ser amado la que es dolorosa, no la soledad. Si ésta se soporta mal, es también porque se nos ha educado en la idea de que sólo la mirada del otro nos permite aceder a la existencia, que la felicidad afectiva está ligada únicamente a la presencia del otro.

Es lo que sucede con las madres que invaden la vida de su hijo, que saturan todo su espacio psíquico, no dándole nunca la oportunidad de aprender la soledad. Porque a ellas mismas les cuesta estar solas, se angustian al ver a su hijo solitario, ya que confunden soledad y tristeza. Son estas mismas personas las que se angustian por el silencio del otro: «¡Dime algo!». Para ellas, cualquier silencio es hostil, hay que tapar todos los huecos, hablar, aunque no importe de qué. Estas mismas personas, para compensar el carácter negativo que atribuyen a la soledad, la atiborran con actividades, con vínculos, incluso artificiales. Necesitan sin cesar estar pegadas al otro, porque tienen la sensación de que, sin el contacto, el vínculo de amor se rompería.

Estas personas confunden el amor y la dependencia. No pueden prescindir del otro y, alienando así tanto su libertad como la del otro, anhelan estar permanentemente en su presencia. Sin embargo, como ya se ha comprobado de antiguo, el amor necesita distancia. Si se está demasiado cerca, ya no se ve al otro. Los hijos deben aprender que amor no rima automáticamente con dependencia, aprender a aislarse en presencia del otro, a ser capaces de jugar o dibujar mientra mamá prepara la comida, a confiar en el amor del otro sin tener que verificar permanentemente que está ahí.

«Tenéis que amar vuestra soledad»

Para sentir un poco de autoestima, se debe tener el sentimiento de que es posible ser amado por lo que se es y no únicamente en función de las relaciones de intimidad. Quien no exista por sí mismo sufrirá más a causa de la soledad y el aislamiento, porque esto lo enfrentará con su vacío interior. Aceptar la soledad es dejar de depender de la mirada del otro y asumir la responsabilidad de lo que se es, saber lo que uno vale por sí mismo, contar consigo mismo en lugar de contar con los demás.

Montaigne ya recomendaba desprenderse de la apropriación de los otros: «Hagamos que nuestro contento dependa de nosotros mismos, desprendámonos de todas las relaciones que nos atan al otro, consigamos de nosotros el poder vivir solos con discernimiento y vivir así a nuestro aire».[2] Lo que ratificaba Rousseau: «Todo apego es un síntoma de insuficiencia: si cada uno de nosotros no tuviera ninguna necesidad de los demás, apenas pensaría en unirse a ellos».

Saber estar solo permite afirmarse, gustarse lo suficiente como para no ser ya dependiente del otro y de su juicio; ya no preocuparse de lo que piensa y, en lugar de percibirlo como un rival, considerarlo como un compañero de viaje. Por tanto, para tener con una pareja una relación rica y que favorezca la plena realización personal, es importante guardar una distancia suficiente, no establecer una relación fusional. Nadie puede vivir, amar o sufrir por nosotros. Todo lo más podemos apoyar al otro, compadecer su sufrimiento. Respetar al otro es respetar su identidad y su territorio psíquico.

Si se acepta llegar hasta el extremo del propio sentimiento de soledad, se pueden explorar los propios recursos personales, porque a través de las dificultades que ofrece la soledad es como se realiza el aprendizaje de la autonomía y del amor propio. Claudia, de 50 años:

> No sufro a causa de la soledad en tanto que tal, sino más por la carencia de contactos enriquecedores. No es grave estar sola por la noche y hacerse algo para comer.

Es necesario adquirir así un poco de autonomía, una capacidad para no vivir exclusivamente a partir de los demás, e incluso saber apreciar más la propia libertad que el encuentro con los otros. Tal ha sido elección decidida, no siempre fácil de vivir, de Christian, de 62 años:

> La máxima de toda mi vida ha sido la «no-pertenencia» a una familia, a un clan, a un grupo. Nunca he querido modelos, nunca he tenido una red de relaciones. Siempre me obsesionó la idea de que se me obligara a ser otro. Seguí mi camino de solitario. Durante mi servicio militar, estuve a punto de volverme loco. Más tarde, cada vez que una mujer ha sido demasiado dominante, he reaccionado de un modo violento y me he marchado. Pero la sociedad te hace pagar la no-pertenencia.

En definitiva, se está más o menos dotado para la soledad. Algunos se ven arrastrados a ella desde su más tierna infancia. Así le sucedió al escritor Patrick Modiano, quien, olvidado por una madre egoísta y un padre indiferente, e ingresado en un internado desde muy joven, fue de entrada un niño solitario. De forma general, las personas que pasaron solos buena parte de su infancia, al haberles permitido desarrollar sus cualidades de observación, tienen más posibilidades que otras de desarrollar capacidades creativas y se inclinarán preferentemente a actividades que exijan concentración e imaginación. Estas mismas personas, ya adultas, no sentirán una constante necesidad de presencia del otro y antepondrán su actividad creativa a su vínculo amoroso o conyugal. Igualmente, habrán desarrollado una gran sensibilidad y una mayor disponibilidad para escuchar a los demás.

Para permitir el desarrollo de la imaginación en un hijo, hay que dejarle espacio y tiempo para que pueda aislarse. Bertrand, de 42 años, recuerda:

> Cuando era niño, mi padre, que trabajaba duro durante toda la semana, llevaba a toda su pequeña familia de pesca el domingo por la mañana. Yo detestaba la idea de salir temprano al campo húmedo y luego esperar una captura eventual; y, además, el olor de los peces de agua dulce me repugnaba. Llegados al lugar, mi padre se colocaba en su sitio y yo iba a explorar los alrededores a la búsqueda de un rincón cómodo donde poder instalarme con mis libros y mis ensoñaciones. Me aislaba, era mi manera de mostrar mi enfado.
>
> Había un lugar que me gustaba especialmente: un árbol reclinado sobre el río, recubierto de ramajes. Formaba como una cama con baldaquino sobre el agua. Oculto entre el follaje, podía ver a mis padres sin ser visto y dominar el mundo. Más tarde, cada vez que sentí necesidad de regresar a mis raíces, he buscado un río parecido a ése.

La capacidad para estar solo es con frecuencia la característica de personalidades fuertes, cuyo carácter se forjó en la infancia, o bien puedo haber sido impuesta por las circunstancias de la vida y luego haberse familiarizado uno con ella y aceptarla, para acabar reivindicándola a veces como un elección: estas personas encontraron en la soledad una libertad a la que les fue luego difícil renunciar.

Las experiencias de soledad son también experiencias de aprendizaje. La relación positiva con la soledad constituye una etapa importante de maduración. Nos permite buscar en nosotros nuestras dimensiones interiores y abrirnos a la creación, porque cuando se está solo se agudizan las sensaciones y los pensamientos. Ése es el mensaje que el poeta Rainer Maria Rilke intentó trasmitir a un joven poeta: «Por eso, querido amigo, ame su soledad, y aguante el dolor que le causa, con queja de hermoso son. [...] Lo que se necesita, sin embargo, es sólo esto: soledad, gran soledad interior. Entrar en sí y no encontrarse con nadie durante horas y horas, eso es lo que se debe poder alcanzar».[3]

Acceder a la propia interioridad

Desafortunadamente, con excesiva frecuencia, la educación contemporánea prepara mal para la autonomía: no se enseña lo suficiente a bastarse a sí mismo. En nuestra época, cada vez más personas desarrollan lo que los psiquiatras llaman un «falso *self*» (un falso yo), es decir, un modo de funcionamiento destinado más a ajustarse a los deseos del otro que a los propios deseos o sentimientos. Están hiperadaptadas al mundo moderno, pero no han adquirido los medios para enfrentarse a una ruptura.

Sin embargo, quien haya realizado el aprendizaje de la soledad se verá fortalecido frente a los acontecimientos dolorosos de la vida, separaciones y duelos, mientras que quien haya sido preservado reaccionará peor en caso de abandono o frustración. Y son muchos los que no han aprendido que el hecho de perder el amor del otro no es necesariamente una catástrofe irremediable: el simple hecho de haberlo vivido debería al contrario ayudar a recuperarse. «Para vivir —explica el escritor Christian Bobin— es necesario que se os haya tenido en cuenta al menos una vez, que se os haya amado al menos una vez, que se haya reparado en vosotros al menos una vez. Y después, cuando se ha dado esto, ya podéis estar solos. La soledad ya nunca será mala.»[4]

Desde luego, cuando se acaba de vivir una separación, se tiene que hacer primero el duelo de una pareja o de lo que se creía que era una historia de amor. Pero una vez superado el shock, se produce a menudo un renacimiento, como manifiesta Jeanne, de 45 años:

> Al comienzo, el silencio es ensordecedor. Entras y no hay nadie en casa. Vuelves a encontrar tu taza vacía ahí donde la habías dejado. Pero luego una se habitúa. Puedes recostarte en la cama, leer hasta medianoche, comer, fumar, sin que nadie venga a quejarse. La primera vez que te vas de vacaciones sola, es espantoso, luego la gente se te acerca, se conversa de otra manera. La dificultad se encuentra en las observaciones culpabilizadoras del entorno: «¡Deberías hacer un esfuerzo para seducir!», «¡Eres demasiado exigente!».

Para llenar su soledad, algunos han adquirido el hábito de hablar en su cabeza con un interlocutor privilegiado. Pocas veces es el compañero cotidiano, sino mucho más a menudo un enamorado potencial a quien cuentan sus aspiraciones, sus interrogaciones y sus dudas. Es también lo que sucede en psicoanálisis entre las sesiones: «Yo le diría...», y aun cuando ninguna palabra surja durante la siguiente sesión, se expresa de una manera interna. Actualmente, a falta de interlocutores, cada vez más personas hacen estas reflexiones y dedican tiempo a escribir un diario íntimo. «Íntimo»: la palabra es importante, porque se trata de estar atento a sí mismo, no de una manera egoísta, sino para acceder a la propia intimidad.

Pero puede suceder que una soledad impuesta en principio se agrave a continuación: «¡Ya no tengo ganas de salir ni de ver a la gente!». Entonces lleva aparejado un repliegue en sí mismo, un abandono de sí muy próximo a un estado depresivo. Estos individuos se asemejan a los falsos solitarios que se quejan de que nadie se dirija a ellos, o más exactamente que nadie *interesante* se dirija a ellos, cuando son ellos los que no se dirigen nunca hacia los demás. Estas actitudes de retirada equivalen a un menosprecio del mundo:

> Desde que su marido la dejó, Emma, de 63 años, médica en jubilación anticipada, ha dejado de vivir. Aunque durante toda su vida había sido muy activa profesionalmente, ya no se interesa por nada. No se trata de un estado depresivo reactivo, como se pueden ver frecuentemente como resultado de una ruptura, sino de un desapego que los antidepresivos no

consiguen modificar lo más mínimo. Para ella, la vida sin su marido es inconcebible. Desde luego, se esfuerza en ver a los amigos, pero eso no le interesa verdaderamente.

En ocasiones, es la falta de confianza en sí mismo la que lleva a aislarse: «Mantengo mis distancias, porque dudo de que alguien pueda interesarse en mí. ¡La gente tiene cosas mejor que hacer que venir hacia mí». Stéphane, de 34 años, ATS:

> Lo que me desestabiliza —incluso diría, lo que me hace sufrir— es no ser adecuado a este mundo. Por supuesto, hago bien mi trabajo, soy sociable, bien recibido en todas partes, pero tengo a menudo la impresión de estar al límite, que bastaría con un detalle para que se advierta mi inadecuación.

Cuando se ha vivido toda la vida únicamente en función de un solo objetivo o un solo ser, uno se puede sentir dramáticamente desolado cuando éste desaparece. Por eso, quienes han vivido sólo para su trabajo se sienten a menudo desamparados cuando llega la edad de la jubilación. Del mismo modo, los cónyuges que sólo han vivido para el otro, se desmoronan en caso de separación. Estas personas frágiles son apetecibles presas para las sectas, que se apoyan en su temor a la soledad con el fin de reclutarlos: «¡Venid a nuestra casa, aquí nunca os sentiréis solos, somos una gran familia!».

Y sin embargo encontrarse solo puede ser una oportunidad para explorar nuestro universo interior, porque la reflexión y la madurez sólo pueden alcanzarse en una cierta soledad. Esta comprobación, más o menos consciente y asumida, es lo que lleva a un número creciente de nuestros contemporáneos a elegir vivir solos, sin por ello separarse de los demás, y a encontrar en su soledad una nueva plenitud.

CAPÍTULO 13

La soledad elegida

> Me he resignado a vivir como he vivido, solo, con mi muchedumbre de grandes hombres que me hacen las veces de círculo de amigos, y con mi piel de oso, al ser yo mismo un oso.
>
> Carta de GUSTAVE FLAUBERT a su madre

La elección de la soledad es ciertamente difícil en una época que empuja a las soluciones fáciles, pero, en cambio, permite con frecuencia tener una vida interior rica y creativa. Frente al «siempre más» de nuestra sociedad hiperactiva, se manifiesta cada vez más una necesidad de aire, de espacio vacío, una necesidad de jerarquizar los elementos esenciales de nuestra vida con el objetivo de buscar sentido y amor. En efecto, nuestro mundo nos deja poco lugar para la soledad: lo que se valora es el «vivir juntos».

REGRESAR A LAS RAÍCES PROFUNDAS

Si muchos se agitan entre el trabajo y el tiempo libre para no ver que están solos, en reacción, otros, cada vez más numerosos, experimentan la necesidad de desprenderse de un cierto número de obligaciones que les estorban. Cuando se está permanentemente en acción o en estado de agitación, uno no tiene la posibilidad de desarrollar su pensamiento; un espacio libre para la reflexión es sin embargo una necesidad y a veces hay que saber ponerse «en barbecho» para mejorar la propia tierra. En nuestro mundo contemporáneo, es difícil estar solo y en silencio. Entre el teléfono móvil, el lector MP3 y la música ambiental en las tiendas, los aviones y las recepciones de los hoteles, estamos inmersos en una sobrecarga sensorial permanente. Por otra parte, el ruido es tan habitual en la vida urbana que mucha gente se siente incómoda cuando no lo tiene. Esto es lo que dice Nadia, de 42 años, casada y con dos hijos, ejecutiva comercial:

> Llevo una vida muy activa. Soy una mujer seria y fiable. Cuando era niña y había acabado mis deberes, mi madre me decía: «¡Pero no te quedes ahí sin hacer nada!». Y ella me buscaba ocupaciones: ayudarla en la cocina, ordenar mi habitación, hacer un encargo. Así aprendí a ser eficaz. Ahora, en el trabajo, los demás me invaden a lo largo de toda la jornada, debo estar siempre presente y disponible para ellos, esforzarme en ser amable y olvidarme de mí misma. Cuando regreso a casa, mis hijos me acaparan, necesitan que esté totalmente por ellos; mi marido, aun cuando lo niega, es posesivo, y, si me dejo llevar un poco por mis ensoñaciones, se siente persuadido de que me aparto de él. Tengo entonces que tranquilizarle.
>
> Necesitaría espacio, estar en otro lado, disponible sólo para mí misma. Tendría necesidad de un espacio vacío, volverme inencontrable, apagar el móvil, el ordenador, rechazar todas las invitaciones y meterme bajo el calor del edredón con un buen libro. Me gustaría marcharme lejos, al fin del mundo, a una isla, sin tener que dar explicaciones. Andar sola para dejar errar mi pensamiento, recuperar mi mundo interior y dejar volar mi imagination. Pero en la vida que llevo, no existe ningún espacio para eso.

La dosis de soledad necesaria es propia de cada uno. Ya se viva solo, en pareja o en familia, es importante concederse —y conceder al otro— momentos y lugares de soledad, porque amar al otro es también aceptar su parte inaccesible. Sin duda, eso es lo que explica el entusiasmo actual por la jardinería o el bricolaje. ¿Acaso no decía Montaigne: «Siempre conviene reservar una trastienda, secreta y propia, en la que establezcamos nuestra verdadera libertad y nuestra principal soledad y retiro»?[1] Anna, de 56 años, dice que ella siempre ha necesitado un espacio vacío a su alrededor:

> De niña, mi madre siempre me invadió con su presencia; nunca me dejaba sola. Como no teníamos mucho dinero, nunca tuve una habitación propia hasta mi mayoría de edad. Necesitaba silencio y mi madre hablaba

por los codos. Entonces pretextaba que tenía deberes que hacer y que estudiar las lecciones para poder aislarme. Al acabar mis estudios, me casé; pero, aunque lo amaba, la convivencia con mi marido me resultaba pesada, porque me imponía una relación muy fusional. Quería que lo hiciéramos todo juntos: por ejemplo, si miraba la televisión, no entendía que yo prefiriera leer en mi rincón.

Ahora vivo sola, me voy sola de vacaciones. Veo a los amigos, pero sólo cuando me apetece, no muy a menudo. A veces, cuando me invitan, me sirvo del pretexto del trabajo para rehusar. No me siento sola, porque hay gente a la que amo y que me ama. Mis verdaderos amigos han entendido mi necesidad de espacio y no lo invaden.

Tener un espacio para aislarse es un lujo que no está al alcance de todos, de ahí la publicidad de Renault para sus coches Espacio: «El espacio es un lujo». Por eso cada vez más personas intentan «limpiarse» de sus entornos de presión y estrés en lugares retirados, refugios o monasterios. En una época en que priman la acción y la inmediatez, es en efecto fundamental conservar un lugar para la meditación y los sentimientos interiores, atreverse a hacer abstracción de las solicitaciones externas y de la todopoderosa comunicación, atreverse a apagar la televisión y dejar en un cajón el lector MP3.

Si queremos dejar de estar en una huida perpetua, tenemos que tomarnos tiempo para mirar en el interior de nosotros mismos, porque el temor a la soledad y al silencio crea una sociedad sin profundidad. Lara, de 45 años:

A mis colegas y mis amigos siempre les ha costado trabajo entender mi gusto por la soledad. Aun cuando me describan como una mujer extremadamente sociable, la presencia cotidiana de los otros me resulta pesada. Cuando vivía en pareja, esperaba con impaciencia los desplazamientos profesionales de mi marido. Él lo sentía: «¿No te vas a aburrir?». Pero yo estaba encantada: ¡por fin tiempo para mí, poder administrar mi tiempo como me apetezca, no tener que prever nada para la cena, no tener que hablar! Sin duda, se me podría objetar que era fácil, porque sabía que él iba a volver, pero desde que nos separamos ya nunca he querido un hombre a diario en casa.

A fuerza actuar y de reaccionar, acabamos volviéndonos esclavos de nuestros esquemas habituales. Para librarse de ellos y aprender nuevos modos de funcionamiento, es importante disponer de un espacio vacío, una especie de tamiz que permita decantar las experiencias anteriores. No se trata de una fuga despreciativa del mundo, sino de una necesidad de entrar en el interior de uno mismo, para profundizar el silencio. Es una experiencia interior rica que permite volverse a encontrar, lejos de la agitación del mundo.

Ser uno mismo

En un momento en que los miembros de la pareja se han vuelto más exigentes, la soltería, o como mínimo la no-convivencia, también permite no temer ya la mirada del otro. Se puede comer lo que a uno le apetece y cuando le apetece, arrastrarse por la mañana con un viejo y cómodo pantalón y en zapatillas, etc. No se trata de abandonarse, sino sencillamente de sentirse bien sin temor al juicio cada vez más duro del compañero o la compañera. Vivir solo, no tener que ocultar algunas debilidades, proporciona una especie de paz. Gina, de 51 años:

> Por fin puedo permitirme estar quieta, feliz de tener al fin tiempo para mí, de no estar obligada a hacer algo todas las noches o todos los fines de semana.

Existe en la soltería una disponibilidad que lleva a hablar con desconocidos y a hacer nuevos encuentros. En pareja, incluso si no es fusional, se tiene la tendencia a replegarse sobre el núcleo familiar, a ver menos a los amigos, mientras que para un soltero la vida afectiva está en el exterior. Abre a una vida social más rica, a los amigos, la vida cultural, las asociaciones o el voluntariado.

En una época en que, como ya hemos visto, la mayoría sólo son réplicas de lo mismo, la vida en solitario permite desarrollar la propia singularidad y consolidar la propia manera de pensar. Permite la libertad y el espíritu crítico. Lo que equivale a no ejercer influencia sobre el otro y a no dejar que el otro ejerza la suya; es asumirse tal como se es, no hacer a los otros responsables de nuestro malestar interior o de nuestras insuficiencias. Ser libre es ser sí mismo, amarse lo suficiente para que la felicidad no dependa únicamente del otro. Si se es lo bastante consciente de quién es uno, y uno se ha aceptado así, se puede soportar vivir solo, saberse diferente y no preocuparse por el juicio de los demás, como dice Gina:

> Ya no idealizo las relaciones con los demás. He tenido mi lote de decepciones. Ahora, mi realización personal pasa más por una armonía conmigo misma y con la naturaleza que por las relaciones amorosas.

Es en el silencio y la soledad asumidos donde todas nuestras capacidades nacen y se desarrollan. Cuando está solo, el hombre sólo debe contar consigo mismo, tiene que explorar sus propios recursos. Como Robinson Crusoe en su isla, tiene que inventar, sin poder apoyarse en los demás. La vida en solitario, con todas las dificultades que ocasiona, obliga a la humildad, a no hacerse ilusiones sobre sí mismo: «No soy más que lo que soy, y sólo puedo quejarme de mí mismo». Daniel, en paro de larga duración, con 60 años:

> Desde que mi mujer se marchó y ya no tengo trabajo, la soledad es total. Hay una especie de bienestar y de alivio en esta soledad, como si por fin fuera a conocer el fin último. Llego a la nada, a una especie de diseño de monigote. Estoy frente a mí mismo, yo y mi cuerpo, yo y mis dolores. Sin la menor duda, prefiero estar solo delante de una cerveza en un bar que frente a una mujer o con alguien con quien no pasa nada. Necesito alguien que eleve mi pensamiento, que me haga crecer. Por supuesto, toda la gente a la que se ama nos engrandece un poco, pero hay que tener talento para encontrarlos y escucharlos.

Una iniciación

También puede aceptarse la soledad como una *iniciación*, un aprendizaje, una búsqueda en uno mismo, porque sólo se llega a la propia verdad como hombre el día en que se encuentra uno ante el absoluto vacío. Afrontar la soledad consiste en mirar de frente el miedo a la muerte; desdichadamente, muchos prefieren divertirse a, como decía Pascal, «permanecer solo en una habitación». La soledad nos empuja a superar nuestros límites, nos da fuerza e inspiración, porque nos pone en contacto directo con nosotros mismos. Nos permite conocernos y aceptarnos. Algunas experiencias psicológicas fundamentales sólo pueden realizarse en la interioridad de uno mismo.

Algunos autores han distinguido entre soledad elegida y soledad padecida. Eso equivale a ignorar que este estado necesita siempre un aprendizaje: una soledad en principio impuesta puede a continuación ser incorporada y valorada, y desembocar en un mundo de interioridad. Por otra parte, no se trata de un estado absoluto, sino de una situación relativa. Todos hemos conocido momentos de soledad que hemos soportado más o menos bien, y seguiremos experimentando más a medida que avancemos en la vida. No tiene importancia si aprendemos a amarla, a convertirla en una oportunidad de desarrollo y de creación. ¿Dónde está la verdadera soledad?

> Tomemos el ejemplo de Inès: nunca había vivido sola. Al dejar a sus padres, vivió con un primer marido con quien tuvo hijos. Como consecuencia de su divorcio, encontró inmediatamente un compañero, y luego otro, y no tuvo tiempo para enfrentarse a la soledad. Fue tras la brutal partida de su segundo marido cuando se hundió y experimentó dolorosamente la soledad. Sin embargo, en ese momento, estaba rodeada por amigos y amigas que velaban por ella. Su dolor no estaba ligado a la soledad, sino a la ausencia, a la falta de un ser amado: «Ya no me ama. ¿Es posible que alguien me ame todavía?».
>
> Puesto que había en ella capacidades creativas y una imagen bastante sólida de sí misma, pudo emerger progresivamente de su estado depresivo. Ahora, Inés está bien, tiene proyectos, ha retomado la música, organiza veladas, viaja, pero siempre sin amor. ¿Se trata aún de la soledad? Es probable que la sufra algunas noches, pero dice claramente que no echa de menos su vida de casada y que ahora ha descubierto quién es ella verdaderamente.

Para bien o para mal, la soledad nos transforma. Algunos se dirigen hacia la sabiduría y otros hacia la amargura. Puede actuar como una iniciación que nos lleva a concentrar lo mejor de nosotros mismos, pero también puede llevar consigo el rencor, la amargura y el endurecimiento. Así, algunos prefieren la soledad a la compañía de sus semejantes, porque eso les permite insistir a gusto en su desgracia y complacerse en el lamento, como Daniel:

> No tengo ganas de que alguien entre en mi intimidad. Por una parte, me siento invadido en mi espacio; pero, por otra, temo que si se aproxima demasiado pueda ver que no estoy bien.

Cuando se persiste durante mucho tiempo en el rechazo de los demás, el aislamiento puede comportar un empobrecimiento por falta de intercambio. En tal caso, la persona no soporta ya la agitación de los demás, sus pequeñas manías. Se encierra en sí misma y ni siquiera puede ver las manos que se le tienden.

> Emma, una mujer de la misma edad que Inès, fue abandonada bruscamente por su marido; pero, a diferencia de ésta, no consigue adaptarse a su cambio de situación porque lo rechaza. Tiene capacidades intelectuales y culturales que le permitirían abrirse a otra vida, pero no quiere y se mantiene en una posición de víctima. Sus amigos se esfuerzan en consolarla y distraerla, pero sin duda acabarán por cansarse. A partir de un abandono, Emma ha construido una soledad de rechazo.

Se puede ver a través de los ejemplos de Inès y Emma cómo la travesía de una soledad permite dar forma al destino. No todo el mundo posee la misma capacidad para «descender a sí mismo», pero eso se puede aprender. Se puede así acceder a una forma de sabiduría para dar un sentido a la vida, acceder a un estado positivo que permita ponerse en marcha a la búsqueda de sí mismo. Ese tiempo necesario para la reflexión y para una búsqueda de paz interior permite de alejarse de un mundo de puras apariencias. Anne:

> Periódicamente, tengo necesidad de aislarme. Es mi manera de preservarme. Puedo permanecer días enteros sin ver a nadie. En estos casos, no contesto al teléfono, no miro mis correos electrónicos. Me regenero.

Como por resistencia a una época que carece de sentido, muchos se embarcan también a la búsqueda de una trascendencia. Se ponen a la escucha de sí mismos y de los otros. Ante la agitación del mundo, aspiran a una tranquilidad del alma que sea el resultado de la moderación y la armonía. Se trata de alcanzar una especie de estado neutro sin dolor ni placer, próximo a la *ataraxia* de los estoicos.

Los viajes iniciáticos

Los incondicionales del viaje en solitario creen que representa la libertad absoluta, la de viajar a su ritmo, cambiar los planes en el último momento y, sobre todo, tener encuentros. Es una ocasión para conocerse mejor, para superarse, para adquirir confianza en sí mismo al afirmar su autonomía. Se puede hacer un balance y, por qué no, llevar un diario de viaje.

Si una caminata con otros favorece la sociabilidad, obliga en cambio a mantener un marco y un ritmo. La presencia de un acompañante de viaje a menudo acaba por enturbiar la atención por lo que está alrededor, el otro invade el espacio e impide estar abierto al paisaje. Al contrario, la caminata en solitario permite dejar ir al pensamiento, evadirse en todos los sentidos del término. Aporta libertad y beneficio espiritual. Como en una experiencia de despersonalización, la mirada dirigida a la naturaleza se agudiza, es como si las emociones experimentadas en soledad se concentraran, lo cual acabaría diluyendo la presencia de otro. Jenny, de 42 años, enfermera:

> Sola, tengo bocanadas de felicidad, bocanadas de juventud, me siento en una disponibilidad infinita. Todo es posible. Cuando estoy acompañada, la atención que debo dirigir a mi compañero o a mi compañera me distrae del paisaje, de otros encuentros posibles. A menudo me dicen: «¿No tienes ganas de compartir esa alegría?». Desde luego, pero con demasiada frecuencia el otro acaba debilitando mi entusiasmo o bien restablece lo fútil, lo cotidiano y arruina mi disponibilidad.

Cuando se viaja solo, nada viene a perturbar el orden del mundo. Eso permite encuentros que no se harían si se estuviera acompañado, porque el viajero solitario está obligado a dirigirse a los desconocidos.

La población local se acerca más a gusto a uno, que es más fácil de abordar, produce menos miedo y atrae la curiosidad. Provoca ganas de ayudarlo, de darle informaciones, de hablarle de los lugares. Atrae la simpatía, porque se admira su valor; y a veces atrae también la compasión cuando se toma conciencia de las dificultades que eso implica. Christine, de 53 años, soltera, empezó a viajar sola a África, para salir de su soledad relacional parisina. Conoce bien África e incluso ha aprendido el swahili:

> Me desplazo en bus y en transportes locales y no tropiezo con ningún problema. Cuando se va sola, se puede encontrar más fácil un sitio en la parte delantera del bus y perderse en la multitud. Por supuesto, no me expongo a ningún riesgo, digo que estoy casada y que viajo sola porque mi marido se quedó en Francia trabajando. Me levanto temprano y me acuesto pronto.
>
> Lo maravilloso de cuando se viaja solo es que nada molesta. Todo sucede como si no se estuviera ahí, todo se absorbe. Mientras que cuando viajan dos, se discute y, como uno se relaciona con el otro, se es menos receptivo al mundo exterior. Desde luego, hay momentos difíciles al final del día, cuando anochece, cuando a una le gustaría compartir las experiencias de la jornada, pero la maravilla de las mañanas compensa esta falta. De todos modos, es preferible que esté sola, porque ¿quién aceptaría hacer doce horas de bus algunos días para ir a admirar una puesta de sol sobre un lago? Por todas partes, encuentro a otras chicas que viajan solas, pocas veces a hombres. ¿Por qué?

De la misma manera, a pesar del miedo, las dudas o a veces la angustia, los navegantes solitarios parten a la búsqueda de sí mismos lejos de la conformidad y los hábitos que emponzoñan la vida en la relación con los otros.

La elección de los héroes y los creadores

Une relación íntima no es la única fuente de felicidad. La soledad es una apertura que permite desprenderse del mundo para ir hacia otros posibles, ya sea la creación, un itinerario religioso o sencillamente el amor. Permite concentrarse por completo en el interior de uno mismo. Aislarse, retirarse constituye una especie de purificación, de regeneración. Se ve así cómo se consolida cada vez más una búsqueda de equilibrio personal que incluye salud física y psíquica, vivida esta última como un arte de vivir y una búsqueda de sabiduría y serenidad. De ahí la necesidad acrecentada de espacios de silencio, de lugares de meditación. Por eso, desde hace algunos años, los retiros en los monasterios, no importa de qué religiones, se han vuelto corrientes.

El hombre es un ser social que, ciertamente, tiene necesidad de interacciones con sus semejantes, pero asimismo intereses personales. Y bastantes individuos altamente creativos que no viven relaciones interpersonales íntimas llevan sin embargo vidas muy felices, porque tienen la pasión de su oficio y una meta importante en la vida. No son en absoluto asociales, y mantienen con los demás relaciones calurosas. No es por casualidad que la literatura, el cine y el cómic han puesto en escena a menudo a héroes solitarios que, por su independencia, podían ayudar a las personas en apuros y «salvar a la humanidad».

De un modo general, los creadores necesitan la soledad, porque van a buscar al interior de sí mismos la materia para su obra. La mayoría de los filósofos, pensadores, escritores o místicos han buscado su inspiración en una vida de soledad. Para escribir su *Discurso del método*, Descartes experimentó la necesidad de encerrarse con una «estufa» y Montaigne no abandonaba su famosa «librería» más que en raras ocasiones. Otros se encierran en el silencio de los monasterios, allí donde se retiraron aquellos que Michaux decía que practicaban la «ciencia del retiro encantado». Durante el discurso que pronunció cuando recibió el Nobel de literatura de 2006, el escritor turco Orhan Pamuk insistió, en lo que a él se refería, en la necesidad que tenía un escritor de «encontrarse solo en una habitación para tratar con la multitud de sus sueños».

Individuos más modestos eligen también retirarse del mundo. Ya sean fareros, exploradores, navegantes solitarios, monjes o monjas, eligieron una actividad que les permite dar valor a su gusto por la naturaleza y la soledad. Así, un francés, David Grangette, pasa solo seis meses al año en una isla del archipiélago de las Kerguelen para ocuparse de su rebaño de corderos.[2] Como muchos solitarios, dice que en la infancia era tímido y le encantaba estar solo. Ya adulto, supo encontrar una actividad que le permitía saciar su gusto por la soledad. La elección de la soledad, antes excepcional, circunscrita a los registros de lo religioso o del heroísmo, se ha convertido en una potencialidad abierta a todo el mundo, como un lujoso regalo que uno puede hacerse.

Sin embargo, todavía en la actualidad, la soledad sigue siendo sospechosa, y da miedo. Debe permanecer en una situación atípica y excepcional. Se la acepta en algunas figuras fuertes y temperamentos excepcionales, originales, locos, de acuerdo con una tradición antigua. Así, en los monasterios, demasiada soledad se asimilaba por ejemplo en el pasado al pecado (un monje debía estar solo para rezar, pero su soledad debía estar dosificada, de lo contrario corría el riesgo de caer en la *acedía*, especie de depresión de orden espiritual que se traducía en abatimiento y sustraía a quien la padecía su interés por los actos religiosos).

Efectivamente, la soledad es audaz, e incluso peligrosa. A veces actúa como una droga que produce dependencia. Recordemos al navegante Bernard Moitessier: en 1968, al terminar en cabeza de la primera competición alrededor del mundo en solitario y sin escalas, inició una nueva vuelta al mundo: «Yo sigo sin escalas hacia las islas del Pacífico, porque me siento feliz en el mar, y quizá también para salvar mi alma».

Le elección de la vida en solitario sigue siendo pues discutida por muchos, incluidos algunos psicoanalistas, como Alain Valtier: «Si uno se instala solo es por defecto, porque no se logra constituir una célula con otra persona. [...] Vivir solo nunca es un proyecto».[3] De alguna manera, tendríamos, según él, a los bien provistos, los que han conseguido formar una pareja, y a los otros, que habrían fracasado en el intento.

Estar disponibles para los demás

Le elección de la soledad no es un rechazo del otro o una indiferencia hacia los demás, sino un distanciamiento que, en nuestra época en que la moda es la promiscuidad, puede ser, equivocadamente, interpretada como rechazo. Esto no excluye la presencia del otro, porque si yo estoy en paz conmigo mismo me vuelvo más disponible para los otros: se trata simplemente de negarse a dejarse vampirizar por el otro. Para estar disponible, es necesario antes despertar a uno mismo, estar en paz consigo mismo. Es la experiencia de Gina, de 51 años:

> Extraordinariamente, me siento menos sola desde que vivo sola. Cuando estaba en pareja, me sentía desbordada por las actividades domésticas, los cuidados a los hijos y mi trabajo. Cuando recibíamos invitados, estaba más preocupada por que mi velada tuviera éxito que por pasar un buen momento. Las visitas se hacían en parejas... Ahora, veo a quien me apetece, hablo con quien quiero, y salgo más... En general, estoy más disponible para los demás y, por supuesto, los demás vienen más a menudo hacia mí.

Demasiado a menudo se confunde el narcisismo con la soledad, pero el proceso es en realidad al revés: Narciso está solo porque está rodeado de espejos que le impiden ver a quienes están a su alrededor; al contrario, el solitario se apoya en sí mismo. Pascal, por otra parte, decía: «El hombre que sólo se ama a sí mismo no odia nada tanto como estar solo consigo mismo».

Equivocadamente, se asocia la soledad con el egoísmo y con el egocentrismo, mientras que la vida solitaria y, en especial, la soltería puede permitir una apertura al mundo que no permite la vida en pareja, y la soledad desempeña a veces un papel propulsor para ir hacia algo diferente. La dificultad para establecer relaciones sólidas en un mundo inseguro lleva a las personas hacia otras aspiraciones. La carencia, el fracaso y el sufrimiento sirven entonces de palanca para progresar. Se puede así extraer la fuerza necesaria para inventar otros vínculos.

La capacidad para estar solo, ya que nos vuelve disponibles al otro, nos aproxima al amor, no en el sentido del flechazo pasajero, sino de una comunión con el otro. Mientras que muchos se imaginan que el amor pondrá fin a su soledad, es al contrario la capacidad de estar solo la que permite estar disponibles para el amor. Cuando se deja de creer que el otro vendrá a remediar nuestra carencia, cuando ya no se espera que venga a poner fin a nuestras angustias, entonces pueden establecerse nuevos vínculos.

Los solitarios son más exigentes sobre la calidad de las relaciones que mantienen con los otros. Frente a un mundo en que las relaciones humanas tienden a reducirse al trabajo y al sexo, es decir, a relaciones de interés y de seducción, se han desarrollado nuevas formas de sociabilidad, distintos modos de relación más íntimos, de solidaridad, de amistad: relaciones desinteresadas, sólo por el placer de estar juntos. Es una forma de mantenerse aparte de la superficialidad de los encuentros efímeros, para privilegiar las amistades profundas.

Así se han creado numerosos pequeños grupos asociativos no tradicionales para luchar contra el aislamiento y la precariedad relacional, lugares de intercambios intergeneracionales, iniciativas locales para crear vínculo social. Igualmente, se desarrollan relaciones amistosas más sólidas que las vidas de pareja. Se prosiguen a merced de las diferentes etapas de la vida y los cambios de parejas: están los amigos, los colegas, las relaciones y, de puntillas, a veces también las relaciones de pareja. Con Internet, es posible conocer a gente con la que uno no se habría cruzado nunca en otro lado y con quienes se puede ciertamente conversar, aun cuando esta conversación sólo concierna a una de nuestras facetas. En un mundo cada vez más precario, es preferible invertir en varias relaciones a la vez, lo que permite adaptar cada vínculo a las diferentes facetas de nuestra personalidad. En este nuevo modo de vida, habrá varias personas que sean importantes para uno, no será el «único».

Notas

NOTAS DEL CAPÍTULO 1

1. Proceso verbal de la Convención Nacional Francesa, 15 floreal II, 4 de mayo de 1794 (citado por Jean Borie, *Le Célibataire français*, París, Le Sagittaire, 1976).
2. Michel Hannoun, *Solitudes et sociétés*, París, Presses Universitaires de France, col. «Que sais-je?», 1993.
3. Tzvetan Todorov, *La Vie commune: Essai d'anthropologie générale*, París, Seuil, 1995 (trad. cast.: *La vida en común*, Madrid, Taurus, 1995).
4. Jean-Louis Pan Ké Shon, «Vivre seul, sentiment de solitude et isolement relationnel», *Insee première*, nº 678, octubre de 1999.
5. François De Singly, *Libres ensemble: L'individualisme dans la vie commune*, París, Nathan, 2000.
6. Jean-Claude Kaufmann, *La Femme seule et le prince charmant*, París, Nathan, 1999.
7. Serge Chaumier, *La Déliaison amoureuse: De la fusion romantique au désir d'indépendance*, París, Armand Colin, 1999.
8. Gérard Mermet, *Francoscopie 2007*, París, Larousse, 2006.
9. Robert S. Wilson y otros, «Loneliness and risk of Alzheimer disease», *Archives of General Psychiatry*, vol. 64, nº 2, 2007, págs. 234-240.
10. *Le Monde*, 6 de septiembre de 2006.

NOTAS DEL CAPÍTULO 2

1. *Le Monde*, 17 de enero de 2007.
2. Véase Margaret Maruani (dir.), *Femmes, genre et sociétés, l'état des savoirs*, París, La Découverte, 2005.
3. Pascale Molinier, *L'Énigme de la femme active*, París, Payot, 2003.
4. Estudio «LG Electroménager/Ipsos», enero de 2005 (citado por Gérard Mermet, *Francoscopie 2007*, París, Larousse, 2006).
5. Betty Friedan, *La Femme mystifiée*, París, Gonthier, 1971 (trad. cast.: *La mística de la feminidad,* Barcelona, Sagitario, 1965).
6. Véase Michèle Fitoussi, *Les Ras-le-bol des superwomen*, París, Calmann-Lévy, 1988.
7. Pamela Sargent, *Le Rivage des femmes*, París, Robert Laffont, 1989.
8. Alberto Eiguer, *L'Éveil de la conscience féminine*, París, Bayard, 2002.
9. Françoise Lapeyre, *Femmes seules retirées loin des villes*, París, J. C. Lattès, 2003.
10. La asistencia médica para la reproducción, en Francia, sólo beneficia a las parejas heterosexuales, en edad reproductiva, casadas o que demuestren haber convivido durante al menos dos años (ley de bioética de 1994).

NOTAS DEL CAPÍTULO 3

1. Christophe Dejours, *Souffrance en France*, París, Seuil, 1998.
2. *Le Quotidien du médecin*, 25 de mayo de 2007.
3. Françoise Héritier, «Privilège de la féminité et domination masculine», *Esprit*, nº 3-4, 2001.
4. Daniel Aloi, «Men overcompensate when their masculinity is threatened, Cornelly study shows», 2 de agosto de 2005, <http://www.news.cornell.edu/stories/Aug05/soc.gender.dea.html>.

NOTAS DEL CAPÍTULO 4

1. Virginie Despentes, *King Kong théorie*, París, Grasset, 2006 (trad. cast.: *Teoría King Kong*, Barcelona, Melusina, 2007).
2. Serge Chaumier, *La Déliaison amoureuse*, *op. cit.*
3. Citado por Évelyne Le Garec, *Un lit à soi*, París, Seuil, 1979.

4. Zygmunt Bauman, *L'Amour liquide: De la fragilité des liens entre les hommes*, Rodez, Le Rouergue/Chambon, 2004 (trad. cast.: *Amor líquido: acerca de la fragilidad de los vínculos humanos*, Madrid, Fondo de Cultura Económica, 2005).

Notas del capítulo 5

1. Irène Théry, *Le Démariage: Justice et vie privée*, París, Odile Jacob, 1993.

Notas del capítulo 6

1. Christophe Dejours, citado en *L'Express*, 17 de mayo de 2007.
2. Marie-France Hirigoyen, *Le Harcèlement moral: La violence perverse au quotidien*, París, Syros, 1998 (trad. cast.: *El acoso moral: el maltrato psicológico en la vida cotidiana*, Barcelona, Paidós, 1999).

Notas del capítulo 7

1. Michel Lejoyeux, *Overdose d'infos: Guérir des névroses médiatiques*, París, Seuil, 2006.
2. *Le Monde*, 18 de noviembre de 2006.
3. Harold Pinter, *La Collection*, continuación de *L'Amant* y de *Le Gardien*, París, Gallimard, 1967.
4. Pascal Lardellier, *Le Cœur NET: Célibat et amour sur le Web*, París, Belin, 2004.
5. Jean Ullman, citado por Bruce Benderson, *Sexe et solitude*, París, Rivage poche, 2001.
6. Lucía Etxebarría, «Un corazón en el techo», en *Una historia de amor como otra cualquiera,* Madrid, Espasa-Calpe, 2005.
7. «Se dévoiler sans s'exposer», conversación con Serge Tisseron, *Le Nouvel Observateur*, 7 de diciembre de 2006.
8. Keru, robot virtual, citado en *Le Monde 2*, 2 de diciembre de 2006.
9. Ariane, Beky, «Meetic: une internaute est condamnée pour usurpation d'identité», 26 de junio de 2006, <http://www.neteco.com>.
10. Anthony Giddens, *La Transformation de l'intimité: Sexualité, amour et érotisme dans les sociétés modernes*, Rodez/Chambon, Le Rouergue, 2004

(trad. cast.: *La transformación de la intimidad: sexualidad, amor y erotismo en las sociedades modernas*, Madrid, Cátedra, 2000).

11. Richard Poulin y Amélie Laprade, *Hypersexualisation, érotisation et pornographie chez les jeunes*, 7 de marzo de 2006, <http://sisyphe.org>.
12. Janis Wolak y otros, «Unwanted and wanted exposure to online pornography in a national sample of youth internet users», *Pediatrics*, nº 119, 2007.
13. David Le Breton, *L'Adieu au corps*, París, Métailié, 1999.

NOTAS DEL CAPÍTULO 8

1. Miguel Benasayag, *Le Mythe de l'individu*, París, La Découverte, 1998.
2. David Riesman, *La Foule solitaire: Anatomie de la société moderne*, París, Arthaud, 1964 (trad. cast.: *La muchedumbre solitaria*, Barcelona, Paidós, 1981).
3. Gilles Lipovetsky, *La Société de déception*, París, Textuel, 2006.
4. Jean de La Bruyère, *Les Caractères*, capítulo X: «De l'homme», París, De Gigord, 1914 (trad. cast.: *Los caracteres o las costumbres del siglo XVII*, Barcelona, Zeus, 1968).
5. Alain Ehrenberg, *La Fatigue d'être soi*, París, Odile Jacob, 1998.
6. Sigmund Freud, *Le Malaise dans la culture*, París, Presses Universitaires de France, 2002 (trad. cast.: *El malestar en la cultura*, Madrid, Alianza, 1998).
7. Charles Melman, *L'Homme sans gravité: Entretiens avec Jean-Pierre Lebrun*, París, Denoël, 2002.
8. Maurice Corcos, «Mise au point sur l'alexithymie», *Le Blog de Dominique Autié*, 13 de julio de 2005, <http://blog-dominique.autie.intexte.net/blogs/index.php/all/2005/07/13>.
9. Maurice Corcos, Olivier Guilbaud y Gwenolé Loas, «Métapsychologie de l'alexithymie dans les addictions», *Neuropsy News*, vol. 6, nº 2, marzo-abril de 2007.
10. Hervé Chneiweiss, *Neurosciences et neuroéthique: Des cerveaux libres et heureux*, París, Alvik Éditions, 2006.

NOTAS DEL CAPÍTULO 9

1. Andrew R. T. Fiore, *Romantic Regressions: An Analysis of Behavior in Online Dating Systems*, tesis de master, Massachusetts Institute of Technology, septiembre de 2004, <http://www.ischool.berkeley.edu/>.

2. Nick, *Des souris et un homme*, París, Robert Laffont, 2005.

NOTAS DEL CAPÍTULO 10

1. Ferdinand Tönnies, *Communauté et société* (1887), París, Presses Universitaires de France, 1977 (trad. cast.: *Comunidad y asociación*, Barcelona, Edicions 62, 1979).

NOTAS DEL CAPÍTULO 11

1. *Le Monde*, 7 de diciembre de 2006.
2. *Le Monde*, 25 de octubre de 2006.
3. Michel Houellebecq, *Extension du domaine de la lutte*, París, Maurice Nadeau, 1998.
4. Michel Schneider, *La Confusion des sexes*, París, Flammarion, 2007.
5. *Le Monde*, 6 de septiembre de 2006.
6. *Le Nouvel Observateur*, 16 de diciembre de 2004.
7. Gérard Mermet, *Francoscopie 2007*, *op. cit.*
8. <http://www.asexuality.org>.
9. Élisabeth Abbott, *Histoire universelle de la chasteté et du célibat*, Montréal, Fides, 2001.
10. Alain Ehrenberg, *La Fatigue d'être soi*, *op. cit.*

NOTAS DEL CAPÍTULO 12

1. Donald W. Winnicott, «La capacité d'être seul», en *De la pédiatrie à la psychanalyse*, París, Payot, 1969.
2. Montaigne, *Essais, I: Les caractères*, «De l'homme», 1580 (trad. cast.: *Ensayos completos*, Madrid, Cátedra, 1985-1987).
3. Rainer Maria Rilke, *Lettres à un jeune poète*, París, Gallimard, col. «Folio classiques», 1993 (trad. cast.: *Cartas a un joven poeta*, Barcelona, Obelisco, 2004).
4. Christian Bobin, «L'irradiance du dénuement», en *La Grâce de solitude*, París, Albin Michel, 2006.

NOTAS DEL CAPÍTULO 13

1. Montaigne, *Essais, I: De la solitude*, 1580 (trad. cast.: *Ensayos completos*, Madrid, Cátedra, 1985-1987).
2. *Le Monde*, 5 de enero de 2007.
3. «Débat: vivre en solo: un désir inconscient?», *Psychologie Magazine*, abril de 2003.